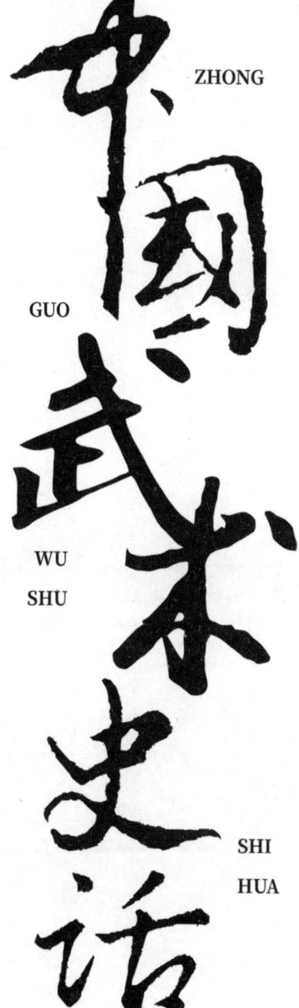

任海 著

典藏版

中国国际广播出版社

目　录

第一章 什么是武术

在中华民族灿烂的古代文明史中，无数闪烁着中国各族人民智慧光辉的文化形式，如同浩瀚的银河中交相辉映的星斗，组成了绚丽多彩的中国古文化。中国古代武术就是其中璀璨的一颗明星。它深深扎根于中国这块古老的土地上，随着中华民族的成长而发展，在5000年中国传统文化乳汁的哺育下，逐渐发展成一个丰富多彩、千姿百态的体系，成为古代中国特有的一种文化现象。中国古代武术不仅在世界体育史中是一个奇迹，与西方学者推崇备至的古希腊、古罗马的竞技运动相比毫不逊色，也是人类文明史中的一个杰作。它把攻防格斗与健身娱乐、身体运动与哲学道理结合得那样自然，那样完美，这在其他古代文明中是极为罕见的。

中国古代武术内容极其丰富，有各种各样的流派，千门万户各成体系。赤手空拳的武术套路已经使人目不暇接，那些千奇百怪的武术器械更让人眼花缭乱。今天，很少有人对中国武术一无所知，尽管人们对它的称呼各有不同，有的称它为“国术”，有的称它为“武艺”。

在国外，它又有一个家喻户晓的名字——“中国功夫”。一提起中国古代武术，人们常常会联想到一个个充满传奇色彩的草莽英雄、绿林好汉，他们神奇的故事经过剑侠小说、武打影片的渲染，给中国武术披上了一层神秘的光环。中国古代武术究竟包括哪些内容？它是怎样发展起来的？就是这本小册子要回答的问题。要想了解中国古代武术，我们首先应该知道现代武术是怎么一回事，那么，什么是现代武术呢？

现代武术是中国传统的民族体育，它由一系列格斗性的动作，如踢、打、摔、拿、刺、击所组成。它有以下两种基本形式。

一、套路类武术

当武术动作按照进攻和防守的规律和要求组编成序，就形成了人们所说的武术的套路运动。在现代武术中人们所练习的主要是一招一式相互连接，一搏一击相对固定的套路类武术，像人们所熟悉的二十四式简化太极拳、少年拳、初级长拳等都是套路类武术。套路运动已成为现代武术的主要内容，我们在武术比赛中看到的运动员们的精彩表演大部分都属于套路运动。套路类武术多种多样，不仅有徒手的各种拳术，还有持刀、枪、剑、棍等操练的器械套路，俗称“十八般兵器”；不仅有个人的单独演练，还有双人打斗的对练和多人进行的集体操练。说起器械武术，何止十八般兵器，在武术家魔术师般的手里，生产中和日常生活中各种离“武”有十万八千里的件件器物，都成了称心如意的武术器械。农民用来耕作的锄、锨、钯、铲就不用说了，就是放羊用的鞭杆、普普通通的板凳、病人用的拐杖，甚至做买卖用的大杆秤，不但件件都是武器，而且件件都有套路。人们常用“化腐朽为神奇”来形容把一些平庸的东西变成稀世的珍品，这句话在中国武术中绝不是夸张之辞。

二、搏斗类武术

这是一种以击败对手为目的的直接格斗形式的武术。在这类武术形式的对抗中，双方凭借平时练就的功夫，不拘一格，斗智、斗勇、斗技，按照一定的规则克敌制胜。搏斗运动又分为散打、推手和短兵三种具体的对抗形式：赤手空拳，手脚并用，踢、打、摔、拿全面展开的，称为“散打”；双方手臂相接，只凭自己高超的手法，借对方进攻的劲，将对手推出而取胜的，称为“推手”；用藤、皮、棉做成的短兵器进行格斗的叫作“短兵”。

显然，武术的套路运动和搏斗运动之间有密切的关系，也有很多不同，这两种武术形式互相补充，共生共荣。

经过数千年的发展、演化，中华武术已经洋洋洒洒，蔚为大观。特别是套路武术，更是万紫千红、百花齐放，谁也说不清究竟有多少种类。光是拳术就有舒展灵活、快速有力的查拳、华拳，轻灵柔和、绵绵不断的太极拳，刚烈紧削、下盘稳固的南拳，洗练明快、气势兼雄的形意拳，摆扣走转、身移势变的八卦掌，发力刚脆、贴身近攻的八极拳，大开大合、放长击远的通背拳，拳法密集、如连珠炮般的翻子拳，猛劈硬挂、击长兼短的劈挂拳，以腿为主、变化多端的戳脚，朴实无华、攻坚打硬的少林拳，翻滚跌扑、身法莫测的地趟拳，拟形状物、妙趣横生的象形拳，等等。表一概括了中国现代武术的基本内容。

表一　武术分类表

<table>
<tr><th colspan="2">类别</th><th>内容</th><th>说明</th></tr>
<tr><td rowspan="4">套路类</td><td>拳术项目</td><td>长拳、太极拳、南拳、形意拳、八卦掌、通臂拳、翻子拳、地趟拳、劈挂拳、螳螂拳、八极拳、猴拳、醉拳、华拳、花拳、鹰爪拳、绵拳、六合拳、蛇拳、意拳、少林拳、查拳等</td><td>大都各有独特的器械练法</td></tr>
<tr><td>器械项目</td><td>短器械：刀、剑等
长器械：枪、棍等
双器械：双刀、双剑、双钩、双头双枪、双匕首、鸳鸯钺、双鞭、刀加鞭、双锏、勾镶等
软器械：九节鞭、流星锤、绳标、三节棍等</td><td>器械大都由古兵器或生产工具演变进化而来</td></tr>
<tr><td>对练项目</td><td>徒手对练、器械对练、徒手与器械对练等</td><td>按预定套路对练</td></tr>
<tr><td>集体项目</td><td>六人以上进行武术徒手、器械、徒手与器械练习（包括单练和对练），均为集体项目。如集体拳、集体器械，以及拳械合练项目</td><td>动作整齐划一，可用音乐伴奏，多穿民族服装</td></tr>
<tr><td>搏斗类</td><td>对抗类</td><td>两手按照一定规则进行搏斗（无预定套路），为散打（或对抗项目）。如散手、推手、短兵、长兵等</td><td>动作有实战意义</td></tr>
</table>

根据吕光明：《武术小辞典》，第221页。

这个多姿多彩的武术体系是怎样发展起来的呢？看惯了今天往返折叠、左旋右转、蹿蹦跳跃、闪展腾挪的武术表演的人，大概会以为武术自古以来就是这番模样。其实，武术像其他任何一种文化形式一样，也经历了一个漫长的发展过程，在历史的长河中慢慢地积累着，经过了无数次量变和质变，只是到了中国封建社会的晚期才发展成为今天我们所熟悉的样子，而它的萌芽却可以追溯到遥远的古代。

第二章 古代武术的演变过程

一、古代武术的萌芽（原始社会时期）

武术是用于格斗的技术，它的一招一式、一刺一击都是按照进攻和防守的战斗要求设计出来的，是人们格斗经验的总结。因此，武术的产生首先要有格斗，要有进行格斗的对象。在早期人类社会中，人们最初遇到的格斗对象不是人，而是野兽。当时，人类生存的条件十分恶劣，那时候人烟稀少，到处都是凶禽猛兽。盘旋在高空中的鸷鹰不时地俯冲下来，攫走老弱。凶狠的猛兽一次又一次地向茫然无所知的人们发起攻击。为了保卫自己，也为了从野兽身上得到可以遮风避雨的毛皮和果腹充饥的食品以生存繁衍下去，我们的祖先不得不同凶猛的野兽进行殊死搏斗。在距今有 18 000 多年的山顶洞人的穴居遗址里发现的大量兽骨就是他们与野兽搏斗，并取得胜利的证明。野兽有尖齿利爪，强悍凶残，而先民们用来与野兽搏斗的不过是简陋粗糙的棍棒和石头打制的武器。打猎的成功，不仅要靠集体的配合，也要依靠猎手们身体的矫健，不仅棍棒的使用要准确有力，徒手的踢打摔拿在必要时也是不可或缺的。在中国最早的诗歌集《诗经》中就有人们徒手与老虎搏斗的记载（《郑风·大叔于田》）。云南沧源岩画中也描绘着人与兽搏斗的生动场面。分布在我国广阔西部地区的西域岩画中也有许多反映原始狩猎的内容，岩画中的人们有的在用刀斫（zhuó）砍，有的在弯弓待射，有的在野牛的反击下正抽身疾走，逃离险地。

云南沧源岩画

先民们靠着自己的聪明才智，不断地想方设法改进自己的武器。从旧石器时代早期粗糙的用石头打制的砍砸器、尖状器到中期的骨镞、骨矛、骨叉，又到新石器时期的石刀、石矛、石斧、石镖等和后期的青铜兵器，记录着他们在改进武器方面不懈的努力。特别值得一提的是，弓箭的发明给原始人类提供了有力的远射程武器。根据古籍记载，人们看到落在树枝上的鸟在飞走时被弹回来的树枝击伤受到启发，于是，就用绳子把树枝绷成弓，将木棍刮削磨细做成箭，制成了原始的弓箭（《周易·系辞下》）。弓箭在原始社会后期开始用于打猎，大大提高了人们打猎的能力，扩大了狩猎的范围。狩猎是原始社会人类维持生存最重要的生产方式，因此，武术的萌芽与生产劳动有着直接的关系。

除了生产以外，原始的战争也是武术萌芽、生长的重要条件。在原始社会，各个部落为了争夺水草丰美的草场、适于居住的地区，或为了血缘复仇等原因，时常会发生军事冲突。随着社会生产的逐步发展，在满足人们最基本的生活需要以外，在原始社会后期逐渐出现了剩余的劳动产品，这样以掠夺奴隶和财富为目的的部落战争越来越频繁，规模也越来越大。如当时生活在今天陕西地区的黄帝轩辕氏部落与生活在晋、鲁、豫交界地区的蚩尤九黎部落之间在4000多年前发生激烈的冲突，进行了一次著名的“涿鹿之战”。蚩尤的兵力较多，而且有比较先进的金属武器，传说蚩尤有用青铜制作的五种兵器：戈、殳（shū）、戟、酋矛、夷矛，战斗力很强。黄帝采用诱敌深入的策略，退到今天河北省涿鹿一带，利用天时地利打败了蚩尤。在战争中人们的格斗对象是同自己一样有智慧的人，因此格斗技术比打猎要复杂得多。这种原始的战争有力地促进了武术的发展。

武术也是一种文化形式。它的萌芽与早期人类社会的一些文化活动，特别是舞蹈也有密切的联系。在许许多多个漫漫长夜里，在熊熊的篝火旁，先民们打猎归来，一边烧炙着猎物，一边敲打着石器，模仿着各种野兽的动作，或表演自己在打猎中的巧妙动作，或重复在战斗中自己敏捷的拳脚，手舞足蹈地跳起来，吼起来，歌起来，舞起来。这种原始的舞蹈，人们高兴的时候跳，悲伤的时候跳，宗教祭祀的时候更是要跳。用舞蹈纪念祖先，取悦鬼神，禳灾祈福。原始的舞蹈具有浓重的“武”的色彩，融战斗和舞蹈于一体，舞风强悍，气势逼人，常常有震撼人心的作用。《山海经·海外西经》中有这样一个神话：一个叫刑天的神与神帝发生冲突，被神帝砍去脑袋，刑天就以乳为眼睛，肚脐为嘴巴，一手拿着盾牌，一手拿着大斧继续挥舞不止，用这种战斗的舞蹈来表达自己的满腔愤怒。

《淮南子·缪称训》记载大禹曾经与南方的三苗族打仗。过了30天，三苗族还是不肯服输。于是，大禹换了一个办法，采用攻心战术。他命令士兵手持盾牌和大斧跳起了威武雄壮的战斗舞蹈，三苗族看了以后就投降了。《尚书·大禹谟》也有类似的内容。今天，在我国纳西族东巴教里被称为“东巴跳”的舞蹈中还保持了一些原始舞蹈的形态。舞蹈时战士们踏着战鼓的节奏，持刀模拟着作战中的动作，左右砍杀。舞刀时既有劈、砍、扎、刺这样一些进攻动作，又有缠头、裹脑、架刀、切刀等防御性的动作，还有多种多样的步法，如弓、跪、蹉、虚、跳跃等。

虽然，原始社会中的打猎、部落间的战争和舞蹈对武术的产生起着直接的促进作用，但是武术毕竟不等于打猎，不同于打仗，也不是舞蹈。武术的形成和成熟还需要更加充分的条件，还需要更多的时间。任何一种文化形式的成熟都需要比较长的时间，中国武术把身体与精神、健身娱乐与格斗技术融为和谐的一个整体，就需要更长的时间，更为特殊的条件。幸运的是，历史慷慨地给了中华民族发展武术所需要的时间和条件。

二、古代武术的发展（夏—隋唐五代）

中国的奴隶社会是在干戈碰撞的电闪雷鸣中拉开帷幕的。大禹的儿子启，改变了过去禅让方式确定首领的做法，建立了中国历史上第一个世袭的奴隶制国家夏（约公元前21世纪—前16世纪）。这种做法立刻引起了东夷部落的强烈不满，东夷部落在首领伯益的领导下，起兵反抗，爆发了夷夏战争。后来，伯益战败身亡。启为了镇压东夷的反抗，非常重视军事训练，把他的军队集中在大乐的旷野里进行击刺练习（《山海经·海外西经》）。东夷族善于使用弓箭，有很多神箭手。古代神话中有名的英雄，曾经弯弓射落过九个太阳的羿就是他们后来的首领，在夏启的儿子太康继位后，羿率领着他的神箭手们又与夏进行了激烈的战斗。从此，战争就成为促进武术发展的主要动力，武术的发展与战争形式的变化、兵器的演进、战术的更新紧紧地联系在一起。

从商代（约公元前16世纪—前11世纪）后期开始一直到春秋时期（公元前770年—前476年），作战的主要形式是车战。军队由车兵和步兵组成，车兵是作战的主力。战车由两匹或四匹马拉着，车上有三名武士，站成一个“品”字形。位于中间突前位置的是驾车的御者，由善于驾驭战车的武士担任。站在左方的是射手，也是车长，拿弓搭箭，负责较远距离的杀伤；右侧的武士是击刺手，拿着长矛，等到与对方的战车相接时做近距离的搏杀。由于在车厢里作战，车上的武士们走动较少，披挂的铠甲也比较重。在战车后还尾随着一定数量的步兵。军队的骨干都是贵族子弟，士卒由自由民充任。在打仗时，奴隶也有从军的，但只能充当徒兵或服一些杂役，不在正式军队编制里。

古代车战

古代的战车大而笨重，一辆车加上四匹马至少占地 9 平方米。车轮很大，直径大约有 1.2—1.6 米，但是车厢却很小，还不到半平方米。为了增加战车的稳定性，采用延长车轴的办法。由于车轴很长（近 3 米），交战的双方战车相错时，至少要有 1.6 米的间距才不至于撞车。这样，车战中的兵器必须有相当的长度才能击到对方。于是，战车上配置的五种兵器：戈、殳、戟、酋矛、夷矛都有令人吃惊的长度，其中酋矛 20 尺（约 4.3 米），夷矛 24 尺（约 5.25 米）（《周礼·考工记》）。在后来出土的一些随车兵器中，我们也可以看到，戈、戟、矛的长度约是人身高的两倍多。

古代的这种车战促进了长兵器的运用。但是，由于兵器过长，又受到沉重的铠甲和窄小的车厢的限制，不可能发展出比较复杂的兵器使用技术。在这一时期，一般来说，谁的力量大、蛮劲足，就能打败对手。因此，这时武艺训练主要是力量训练。另外，车战还大大促进了箭术的发展。与长而笨重的矛戟相比，弓箭在车战中的作用变得非常突出。由于车辆比较笨重，难以运转灵活；四匹马驾车，也很难操纵自如，达到很高的速度；再加上一乘车有四马三人，目标很大，既可以射人，又可以射马，在双方阵列相接之前相当远的距离弓箭就可以发挥威力，杀伤敌人，使敌人仰马翻，阵脚大乱。但是由于射手是站在颠颠簸簸、摇摇摆摆的战车上举弓发射的，要射得既远又准，必须经过严格训练。于是，射箭训练成为商周时期（周代：公元前 11 世纪—前 771 年）军事武艺训练中最重要的内容。上至天子，下至普通平民，无不练习射箭，出现了各种各样的射箭活动。不论是祀天祭祖，还是诸侯来朝，欢宴群臣，都有各种形式的射箭比赛，叫作“礼射”。在这些射箭比赛中，天子和他的臣民们在鼓乐的伴奏声中，按照复杂的仪式张弓射箭。乡野中的平民也有一年一度和两年一度的射箭活动，叫作“乡射”。西周培养贵族子弟的学校也把射箭列为必学的“六艺”之一，要求贵族子弟从 15 岁就开始学习。射箭课要求很严格，既要射得有力量，又要准确，还要掌握五种不同的射法，即白矢（射透箭靶）、参连（三箭快速连续发射）、剡注（水平箭）、襄尺（射时手臂平稳不动）和井仪（四箭命中箭靶并且射成井字形）等（《周礼·地官·保氏》）。周朝社会尚武的风气很浓，谁家生了男孩，也要用射箭来表示祝福。成年男子如果不会射箭或射得太差是十分丢脸的事，宁愿以身体不适来推托，也不能说自己不会射箭。就是年纪大的老者，每年元旦，还要到乡学与众人聚在一起，练习射箭，给青年人树个榜样（《礼记·王制》）。整个社会有浓厚的尚武之风。因为当时一个国家最重要的活动莫过于祭祀和战争了，就像西晋时能文能武的学者杜预在给春秋时的史书《左传》做注时说的“国之大事，在祀和戎”（《春秋经传集解》卷十三）。孔子也说过，如果不教老百姓军事技术，就等于抛弃他们。（《论语》卷十二）

与古代武术有密切关系的舞蹈在周代进一步发展，有了文舞和武舞的区分。武舞实际上是一种使用武器的操练，主要在军队中练习。士兵们手拿着武器，排成整齐的队列，舞姿粗犷，气势磅礴。在周朝贵族子弟学习的六艺，即“礼、乐、射、御、数、书”中的“乐”就有武舞的内容，如 15 岁的男孩，就要学一种名叫“象”的武舞。

周武王演练武舞

气势逼人的武舞从商周开始用于驱鬼的“傩（nuó）”“傩祭”“傩舞”中，在宫廷里进行的“国傩”“大傩”活动中，方相氏（大巫师）身上蒙着熊皮，头戴有四只眼睛的金光闪闪的面具，身着黑衣红裤，执戈扬盾，率领100个奴隶，威风凛凛地与谁也看不见的假想敌展开一系列的搏斗，“戈击四隅”，最后，将“方良”（魍魉）赶走（《周礼·吏官》）。《后汉书·礼仪志》对汉代宫中的“大傩”也有同样的记载。

中国奴隶社会的结束和封建社会的开始，是以一个激烈冲突的时期相连接的，这就是春秋战国（战国：公元前475年—前221年）。在这一时期，各国之间互相争夺、兼并，战争非常频繁。在春秋200多年中，各国间的军事行动就达到483次。战国时期，战争的激烈程度更是有增无减。西周末年，有侯国1800个，到春秋时剩下140个，到战国时只剩下七个大国，这就是人们常说的战国七雄。

战争的形式在这时也有了根本的改变。由于周朝井田制的毁坏，以前平整如砥的道路系统已经不存在了。战争范围的扩大，使作战的地形越来越复杂，不适于战车行驰。公元前 575 年晋国和楚国在鄢（yān）陵进行的一次战斗中，晋厉公的战车陷入泥淖，狼狈不堪。到公元前 541 年晋国与狄人作战时干脆放弃战车，改为步战。威力强大的弓弩的出现，使笨重不灵的战车防不胜防。春秋战国时，弓箭的制作达到了很高的水平。一个善于造弓的蔡国人为齐景公造弓，前后花费了三年时间。他选用的材料有太山南坡柘（zhè）树、骍（xīn）牛角、麋鹿筋、河鱼胶，弓制成后可以射透七层战装。

神箭手们也大量出现，如楚国有一个叫养由基的射手，可以在百步之外射穿柳树树叶，百发百中（《战国策·西周》）。养由基的箭不仅准，而且力量很大，可以穿透七札[①]。（《左传·成公十六年》）

这样，曾经盛极一时的以车战为主的战法让位给了以步战为主、骑战和车战为辅的协同作战方式。战争变得空前复杂起来，需要多种多样的战斗技术，这就促进了武艺的多样化。随着车战在战场上地位的降低，车兵笨重不灵的青铜甲胄和宽袍广袖的服装，不能适应更为灵活机动的作战需要，赵武灵王破除旧习俗，大胆向胡人学习，“胡服骑射”，以北方少数民族的紧身利落的服装取代了传统的服装。这一着装的革命，大大解放了武士们的格斗动作，对武术的发展起了重要的促进作用。

战争的规模在春秋战国时进一步扩大。一次战争双方投入的兵力经常是几十万、近百万。战国时总人口约为 2000 万，军队就有将近

① 札，古代士兵铠甲上用皮革或金属制的叶片，七札即七层甲叶。

500万。在战国七雄中，秦、楚等大国都有百万雄师，其余的五国也都有几十万士卒。公元前206年秦国和赵国在长平的一次战争，仅赵军就死亡45万多人。这种大规模的战争要求有充足的兵源，于是鼓励人们习武成为一种社会风气，正如《墨子·尚贤下》所说的，给国中能射御之士以奖励和表扬，而惩罚和轻贱那些不能射御的人。使射御之士高兴，而不能射御之士畏惧。战国时魏国的重臣李悝（kuī）（公元前455年—前395年），在当地方官的时候，为了鼓励老百姓习武学射，竟想出了一个绝招，在打官司时，凡是双方争执不下，难以决断的案子，就用射箭来判定，射中靶的一方胜诉。这一下，老百姓都争先恐后地练习射箭，天黑了也不休息，后来与秦兵交锋，果然大获全胜，魏国也跻身于战国七雄之列。（《韩非子·内储说上》）

就是读书人也常常有逼人的武风，最典型的是孔子的学生。一次孔子与他的几位弟子在山野中漫游，问众弟子有什么志愿。子路回答说，他的愿望是，在国家有危难时，手持长戟，与龙虎之师踊跃奔腾，荡三军，灭强敌（《韩诗外传》卷七）。孔子的另一个学生冉有（公元前522年—前489年）不仅有运筹帷幄、统兵打仗的帅才，曾于鲁哀公十一年率鲁国军队与齐国作战，打败了齐军，而且还有一身武勇，能在战斗中亲持长矛，冲锋陷阵。当有人问他为什么对军旅的事这样熟悉，他回答说，是跟孔子学的。（《史记·孔子世家第十七》）

由于战争规模的扩大，军事武艺在普通老百姓中普及开来。在西周时，只有贵族和自由民才能当兵，野人（奴隶）是没有资格当兵的。而在春秋战国时，各国都积极地采用各种措施对农民进行军事训练，农民平时耕田种地，战时编成军队，上阵打仗，一年之中“三时务农而一时讲武”（《国语·周语》）。武艺高强的人得到国家重用。曾经是春秋霸主的齐桓公就下令让地方官推荐身强力壮、武艺出众的人才。如果有这样的人才，而地方官隐瞒不报，就会受到处罚（《国语·齐语》），并对战场上斩获敌人的将士予以重赏，因此，后来齐国人以精通格斗技术而天下闻名（《荀子·议兵》）。荀子（约公元前313年—前238年）曾指出，身体强健的武勇之士，是让敌人日日担心、困顿衰竭的利器，应当大量地招纳这些人，磨砺他们，使他们为朝廷服务。（《荀子·王制》）

春秋战国时期，冶铁技术的发展使得武器的质量大大提高。在春秋初期，铁的质量还很差，当时的兵器主要用青铜制成。青铜被誉为“美金”，而铁则被称为“恶金”，只适合做一些笨重的农具（《国语·齐语》）。但是，到了春秋末期，位于南方的吴国和越国已经可以制造铁剑了。当时有两个著名的制剑专家，一个叫欧冶子，一个叫干将，曾经为楚王造剑。他们选用茨山的矿石，冶炼成铁，锻制成三把铁剑，分别取名为龙渊、泰阿和工布（《越绝书·越绝外传记宝剑》）。战国时铁制兵器的使用越来越普遍，考古研究表明，战国时期的铁兵器虽然还不能完全取代青铜兵器，但已占据主导地位。此时的兵器不仅种类大大增加，而且质量也有了明显的改善。铁兵器有刀、枪、剑、戟、矛、匕首、箭镞、铠甲、兜鍪（móu，头的护具）等。战国初期的青铜剑，质地很脆，而且剑身很短，全长只有50厘米左右，因为这种质地的长剑在格斗中很容易折断。战国中期的铁剑，由于质地坚韧，长度增加了一倍多，而且非常锋利，可以刺透坚固的盔甲（《史记·苏秦列传》），战斗性能大大提高，成为近战格斗的重要武器。

车战向步战的转变，促进了短兵器战斗技术的发展。造工精良的铁剑的出现，为短兵相接提供了有效的武器。于是，携带方便、使用灵活的剑成为军队中的主要短兵器。剑术在春秋后期开始出现，史籍中也开始出现关于剑术家的记载。中国历史上有名的卧薪尝胆、报仇复国的越王勾践，曾请了一位隐姓埋名、生活在山林中的剑术家越女给他的士兵传授剑术。这个越女不仅剑术极精，而且还有一套理论。她说，剑术看起来似乎浅显而容易，但是其中的道理却深邃而精妙，有门户的开合，阴阳的变化。用剑进行搏斗时，精神要充足，外表要沉稳，看上去安详平和，像一个文静的少女，一经交手才知道凶猛如同恶虎。这样的剑术家可以以一当百，以百当万。（《吴越春秋·勾践阴谋外传》）

剑术不仅在春秋战国的战场上发挥着临阵杀敌的重要作用，而且是一种表演艺术。战国时出现了一些专门以击剑为生的剑客，这些人的行为举止、穿戴打扮都与常人不同。他们往往形容粗犷，不修胡须，头发蓬乱，帽子随随便便地扣在头上，穿着粗俗的短衣，目露凶光，不善言谈。不少国君都喜欢观看击剑，赵惠文王（公元前298年—前266年在位）是其中最着迷的一个。他养了3000多名这样的剑客，把国家大事放到一边，一连三年，以观看击剑来取乐。战国时的击剑是一项非常残酷的体育娱乐，与古罗马的角斗差不多，是以生命为代价的。赵惠文王的剑客们一年就有100多人在剑下伤亡（《庄子·说剑》）。在这一时期，无论是临阵打仗，还是击剑娱乐，剑术的好坏都关系到格斗者的生死存亡，所以这时的剑术都是非常实用的实战技术，没有半点华而不实之处。在格斗时，往往先以假动作欺骗对手，等到对手开始动作，自己再动。不动则已，一动起来就疾如闪电，这样，虽然是后出招，却往往能抢在对手之前击中对手。（《庄子·说剑》）

步兵的近战格斗也促进了赤手空拳的肉搏技术。在武器损坏或失落时，徒手的拼搏是保存自己、消灭敌人的唯一手段。《左传·僖公二十八年》记载了晋文公的一个梦，他梦见自己与楚成王搏斗，被楚成王压在下面。这虽然是一个梦，却反映了当时战斗中的实际状况。古代的徒手格斗有不同的名称，有“搏”“相搏”“角力”“戏”“批”“手搏”等，是重要的军事训练内容之一。带兵打仗的将军们都有徒手格斗的本领。《春秋·僖公元年》中有这样一个故事，一次鲁国与莒（jǔ）国打仗，鲁公子友率兵打败了莒军，擒获了莒军主将莒拿。战场上的胜利似乎未能使他完全得到满足，于是，公子友命令他的部下走开，自己与莒拿进行一对一的徒手搏斗。想不到莒拿手搏的技艺十分高超，公子友被他压在下面，急切之中，在部下的提醒下，公子友拔出名为“孟劳”的宝刀，刺死莒拿。这个故事说明，当时的手搏不是闹着玩的，一方被压倒在地，手搏并没有结束，大概是有受伤，甚至丧失性命的危险，公子友才会不顾自己的名誉，违反手搏的规定，拔出刀的。当时的徒手搏斗，常用一些击人要害、置人于死地的手法。这时的手搏实际上是摔跤、拳击、擒拿等各种徒手格斗方式的综合。

春秋战国时期战争形式的深刻变化，使中国古代的军事理论迅速丰富起来，出现了一系列重要的军事著作，如春秋时的《孙子兵法》、战国早期的《吴子兵法》、中期的《孙膑兵法》和后期的《尉缭子》。这些兵书不仅讲怎样带兵、打仗、布阵这些纯军事方面的问题，而且渗透了中国古代的哲学思想，军事与哲学融为一体，这对后来中国武术与哲学的结合，形成中国独特的武术体系产生了巨大的影响，起到了积极的促进作用。

秦朝（公元前 221 年—前 207 年）是中国历史上第一个大一统的封建时期。经过春秋战国数百年的战乱，人民迫切需要一个安定、和平的社会环境。位于西部的秦国，顺应了这个历史潮流，扫平六国，于公元前 221 年统一了天下。

推崇武力、靠打仗起家的秦王朝，在掌握了政权以后，准备从秦始皇开始，千秋万代把皇帝当下去，永享太平，就来了个 180 度的大转弯，下令严禁民间操戈习武，以防止六国的残余力量和老百姓起来造反。秦始皇命令将散落在民间的兵器收集起来，全部销毁，浇铸成 12 个每个重 24 万斤的巨大铜人。秦始皇的这种做法，限制了武艺在民间的发展。但是，却促使以前与军事结合十分紧密的一些武艺，如手搏、角力，逐渐脱离了实战，发展成一种娱乐活动，叫作“角抵戏”，这就是史书上说的将“讲武之礼，罢为角抵”。秦二世胡亥就很喜欢在宫中观看这种徒手搏斗的“角抵戏”。战火快烧到家门口了，他还津津有味地在甘泉宫里欣赏角抵戏呢。

军事武艺娱乐化，是武术形成的一个重要条件。秦朝虽然没有像秦始皇所期待的那样千秋万代存在下去，相反，只持续了短短的 15 年，但是它为武术的发展开辟了一个新的方向。

角抵戏

秦朝这种徒手格斗、以娱乐为目的的角抵戏，在西汉（公元前206年—8年）初期被视为玩物丧志，不利于社稷国祚，被汉高祖刘邦禁止过。但是，随着生产的发展、社会的繁荣，角抵戏越来越成为人们喜闻乐见的娱乐活动，不仅成为汉皇室贵族们在饭余酒后喜爱观赏的一种表演，而且也是向四方来宾显示国力的一种手段。特别是到了汉武帝时（公元前140年—前87年），国力强盛，再加上武帝本人特别欣赏这种活动，角抵戏迅速发展，表演的节目不断增加，规模也越来越大。汉代角抵戏后来发展成为包括歌舞、音乐、杂技、魔术等众多节目的一种综合性文艺大会演。每逢节日和外国贵宾来朝，就举行这种表演。武帝元封三年（公元前108年）春天，汉武帝盛会招待外国来宾，为显示国力，不仅请来宾们参观国家藏储的奇珍异宝，以"酒池肉林"款待，还为他们举行了一次大规模的角抵戏表演，方圆300里内的老百姓都赶来观赏，盛况空前，也是从这时开始，角抵戏的内容逐年增加，规模越来越大（《史记·大宛列传》《汉书·武帝纪》）。汉元帝时（公元前48年—前33年），角抵戏因耗资巨大又曾被禁止过（《汉书·元帝纪》）。但是，不久便又恢复了。由于角抵戏包含的内容越来越多，已经突破了“角抵”一词所能包含的范围，于是到了东汉（25—220年）人们就称它为“百戏”。在这种综合性的文艺大会演中，最受人们欢迎的仍然是徒手格斗的项目，如角抵，还有持兵器的表演，如“东海黄公”，就是很吸引人的一个节目。这个节目取材于古时候的一个传说，东海郡（今山东郯城县）人氏黄公，年轻时擅长一些法术，有降龙伏虎的本事，经常身佩赤金刀，头扎绛色的绸带，表演一些非常吸引人的幻术。但是，后来黄公年老体弱，再加上饮酒过度，功力大衰。秦朝末年，一只白虎在东海境内出现，黄公手提赤金刀前去杀虎，不料，法术失灵，反而丧身虎口。这个故事，成为汉代百戏中一个重要的表演内容，张衡的《西京赋》中也提到过。在节目表演中，化了妆的黄公，在器乐的伴奏声中挥舞宝剑，表演与老虎周旋、格斗的各种动作。但是，由于这种表演追求的是吸引观众兴趣的观赏性，这一部分内容越来越脱离武艺，从而走上戏剧化的道路。

手持兵器的舞蹈在秦末汉初有了新的发展，成为军队中的一种娱乐。公元前206年，项羽的谋士范增为了除掉与项羽争天下的刘邦，在项羽招待刘邦的酒宴上，示意手下的战将项庄在席间刺杀刘邦。于是，项庄就以舞剑助兴为名，持剑舞向刘邦，准备在舞剑中找机会行刺。这时，同情刘邦的另一个楚军将领项伯见势不妙，借口一个人独舞不如双人对舞好看，也急忙拔出剑，跳入场中与项庄对舞起来，暗中用身体保护刘邦（《史记·项羽本纪》）。这就是历史上有名的故事“鸿门宴”。“项庄舞剑，意在沛公”也就作为成语流传了下来。这说明在秦朝末年已经有了用兵器舞练的一些套路动作，这种套路不仅可以单人演练，也可以双人表演。项庄和项伯都是行伍中的战将，因此，他们的舞剑很可能是把自己所熟悉的战斗动作串在一起来表演的。在出土的汉画像石中，也可以看到以对打形式出现的各种较为复杂的武艺动作，如弓步扎枪、跃步前刺、歇步架剑、弓步格挡等。

在秦朝时，北方的匈奴族已经十分强大，不时南下侵袭。秦始皇不得不花费极大的财力、物力、人力修筑万里长城。到了汉代，匈奴更成了边境上的主要威胁。匈奴以骑兵为主，灵活机动，常常来无影去无踪。为了对付这种高度机动性的军队，汉朝也发展起了以骑兵为主力的军队。骑兵交战以砍斫为主，很少有刺的动作。而剑在砍斫上远不如刀来得方便，于是，环柄刀代替了剑，使得剑在战场上的使用价值大大下降。到了东汉末年，环柄刀几乎完全取代了剑，成为军中主要的短兵器。

击刺画像砖

剑在战场上地位的下降反而使击剑的风气在社会上风行开来，人人都喜欢击剑，喜欢佩带宝剑，剑术有了很大的提高。上至皇帝，下至文武百官，每人都在腰间挂一把宝剑（《晋书·舆服志》）。虽然从汉代起，重文轻武的社会风气已经形成，但是，当时的读书人却一点不像封建社会后期那些弱不禁风的白面书生，大家都以能文善武而自豪，许多文人墨客与剑术结下了不解之缘。著名的历史学家司马迁的祖上在赵地就曾以传授剑术而驰名；东方朔 15 岁就学习击剑；大文学家司马相如年轻时不仅喜欢读书，而且喜欢击剑。汉武帝时，勃海郡博学多闻的儒士隽不疑，应邀去见一个大官，看门人要他解下佩剑，隽不疑十分坚决地回答道，剑是君子用以自卫的武备，不能解（《汉书·隽不疑传》）。陈寿写道他在“安平之世而刀剑不离于身”（《三国志·吴书·吴主传》）。这个时期还出现了不少专门讲击剑方法的文章，据《汉书》记载，这样的文章有 38 篇，可惜后来都失传了。东汉末年，剑术有了进一步的发展。出现了不少技艺高超的击剑家，这些人游走四方，传授剑术。如在汉桓帝和汉灵帝年间（147—189 年），在首都洛阳城，一个叫王越的剑师就十分有名，教过不少徒弟。

射箭在汉代的战争中仍然起着重要作用。在长达百年的汉朝与匈奴的战争中，涌现出大批的神箭手，留下许多神箭手的传奇故事，其中最有名的就是“李广射虎”。李广是汉武帝手下的一员大将，人称“飞将军”，有一身的好武艺，他身材高大，双臂颀长，天生是一个神射手。李广对射箭有着特别的爱好，平时呐口少言，一有空不是在地上勾画战阵，就是练习射箭，经常以射箭比赛作为军旅的娱乐活动，练出了一身超群的射箭技艺。有一次，李广在夜间巡逻，看到草丛中蜷伏着一个黑影，以为是一只老虎，便张弓一箭射去，天亮后一看，原来是一块巨石，李广的箭连同箭尾的羽毛都深深地射进了这块石头（《汉书·李广苏建传》）。在夜间射得这样准确已十分不易，将箭射入坚硬的石头，更是需要超人的神力。由于射箭在战争中的重要作用，西汉专门设立了掌管射箭训练的一种官职——“射声校尉”。这一时期论述射箭方法和理论的著作也出现了，如《逢门射法》《李将军射法》《魏氏射法》等。（《汉书·艺文志》）

三国（220—265 年）、两晋（265—420 年）、南北朝（420—589 年）时期，战乱一个接着一个，社会处于不断的动荡中。今天座上客，明天就可能成为阶下囚。今日荣华富贵，明日就可能一贫如洗。这种社会状况对武术的发展有两方面的影响：一方面由于这一时期，特别是两晋时士族阶层及时行乐、腐化堕落的思想泛滥，使得文弱的风气流行开来，妨碍了武术的发展。另一方面，由于在长期战乱的环境中，谁有军事实力，谁就能称王称霸，因此提高了武艺的重要性。再加上骁勇的北方各民族逐鹿中原，相继在北方建立政权，丰富了武术文化，这又促进了武术的发展。

三国时，魏（220—265 年）、蜀（221—263 年）、吴（222—280 年）的开国雄主都有出众的武艺。曹操不仅膂力过人，弯弓能射飞鸟，下马能擒猛兽（《三国志·魏书》），而且鼓励他的儿子们用心习武。曹操赠给他的四个儿子每人一把宝刀，要他们注意武艺练习。他的大儿子，也就是后来的魏文帝曹丕，武技十分高明。曹丕从小就跟随许多老师学剑。后来跟剑术家王越的弟子史阿学，掌握了十分高明的剑术。在一次酒宴上，曹丕与部下们在一起饮酒闲谈，奋威将军邓展也在席间。曹丕早就听说邓展武艺高强，通晓各种兵器，还有空手夺刀的本领，于是就与邓展谈起了剑术。听了邓展的议论后，曹丕说："我过去也喜欢剑术，而且得到过名师的指点，我认为邓将军的主张是不对的。"邓展不服，要求当下就比试比试。这时，正好大家正在吃甘蔗，就以甘蔗为剑，两个人下殿交起手来。曹丕的技艺果然高明，一连三次击中邓展的手臂，观看的人哄堂大笑。邓展还是不服，曹丕故意说道："我的剑法虽然很快，但是只能击中对方的手臂，难以击中对方的面部。"邓展不知是计，信以为真，要求再试一次。这一次，曹丕做出要深入击刺的姿势，邓展就向曹丕的中部袭来，不料，曹丕却敏捷地向后一撤闪过，举臂一挥，正中邓展的额头，大家都惊叹不已。（曹丕《典论·自序》）

蜀国的刘备，武艺虽没有他的五虎将军那样高超，一副双剑却也用得相当精熟。吴国的孙权于建安二十三年（218 年）的一次打猎中，骑的马被老虎咬伤，勇武的孙权，毫无惧色，掷出双戟将虎杀死。（《三国志·吴书·吴主传》）

南北朝时期，南方和北方在习武方面形成了鲜明的对照。北方先后有匈奴、羯（jié）、氐、羌、鲜卑等民族在中原建立了政权。这些民族原来大都是游牧民族，从小就学习骑马射箭，勇敢强悍。他们进入中原，与当地汉族融合在一起，也把自己崇尚武艺的风俗习惯带到了中原地区。因此，在北方，习武成为一种社会风气，出现了许多武艺高强的英雄好汉。如北齐（550—577 年）有一员大将名叫斛（hú）律光，骑马射箭，百发百中。一天，斛律光在野外骑马，见空中有两只大雁飞过，便驱马飞驰追去，连发两箭，两只大雁应声落地。还有一次，他在野外打猎时，见一只鸟在云端盘旋，就拿起弓来，弯弓张弦，只见箭似流星，正中鸟的颈部，飘飘荡荡地坠落下来，才发现是一只大雕，于是斛律光有了“落雕都督”的美称（《北史·斛律金传》）。北朝不但男子习武，妇女也习武，著名的《木兰诗》就是在北朝后期出现的，这首长达 300 多字的民歌描述了一个刚强的少女木兰替年老体衰的父亲从军，打了胜仗凯旋的故事。北魏的一首诗也对一个能骑马善射箭的少女李雍容称赞不已：“李波小妹字雍容，褰（qiān）裙逐马如卷蓬，左射右射必叠双。妇女尚如此，男子那可逢！”（《魏书·李安世传》）

北朝还出现了“五兵角抵”（《魏书·乐志》），这种角抵已不再是赤手空拳的踢、打、摔、拿，而是真刀真枪的对练，所谓“五兵”就是对打时使用的五种兵器，即戈、矛、戟、酋矛、夷矛。《洛阳伽蓝记》记载北魏有两名武技高强的壮士，一位是羽林马僧相，善于角抵，往空中掷戟，可掷得与百尺高的大树同高，而另一位是虎贲张车渠，一扬手也可将刀掷得高出楼顶一丈。皇帝常命令这二人对为角抵。

在南北朝时，佛教在中国流传得极为迅速，北魏全国的佛寺达 30 000 余所，和尚、尼姑 200 万人。[①] 对武术发展起了重要作用的少林寺就是在这时建立的。

南朝各代继承了两晋萎靡的风气，文人、士大夫贪图享乐，轻视

① 张传玺. 中国古代史纲（上）[M]. 北京：北京大学出版社，1989：464.

习武，社会在一天天地衰败下去。南朝的后梁（502—557 年）社会靡弱成风，尤为典型。一次，梁朝的使者出访北朝的北齐，提出要与北齐人比比武艺，梁人拿起两张三石的硬弓，一下子就拉开了，很有些得意。因为梁朝的士大夫们皆熏衣剃面，傅粉施朱，头戴高帽，足踏高跟，出门必乘车，即便在城郭之内几步路，也不骑马，更不要说走路了，下车就有人搀扶，因此一个个“肤脆骨柔，体羸（léi）气弱，不耐寒暑”（《颜氏家训》）。没想到北齐的綦连猛一把攥起四张弓，用力一拉，弓弦尽断，梁人大惊失色，不得不服（《北史·綦连猛传》）。当然也不是南朝所有的人都醉生梦死，不想重振武风，恢复中原。像“闻鸡起舞”的祖逖和刘琨就是两个胸怀大志的青年将领，立志收复中原，因此发愤练武。他们每天早晨一听到鸡叫就起来舞剑习武，后来也确实做出了一番事业。

两晋南北朝，中国古代的导引养生术进入了一个新的发展阶段，著名的养生家葛洪（284—364 年）提出了把肢体活动和练意行气等各派养生方法结合起来，进行全面练习的思想，这对后来中国武术形成自己内外兼修、形神兼顾的特点起了重要作用。所谓内外兼修就是既练内功，又练外功，也就是人们常说的“内练一口气，外练筋骨皮”，形神兼顾就是练习时既要照顾到身体方面，又要照顾到精神方面。葛洪本人也有一身的好武艺，他年轻时在一次战斗中，被骑兵追击，葛洪拈弓搭箭，连续射倒两人一马，逃离危险。葛洪还握有使用刀、戟、盾牌的秘法，后来又学了七尺杖术，有空手夺戟的绝技（《抱朴子·自叙》）。后来他退隐到罗浮山（今广东增城东），研究炼丹术。南北朝时还出现了一本名叫《黄庭经》的书，对以后内家武术的出现产生了很大影响。

唐朝（618—907年）是中国封建社会的鼎盛时期。这个鼎盛时期是经过了东汉末年以来300多年的战乱取得的。长期的战争促进了军事理论的发展。古代被称为“武经七书”的七部著名兵书中的《李卫公问对》，就是唐朝开国功臣李靖对军事斗争的总结。这部书对后世有很大的影响。战争更是直接促进了军事武艺的发展。出现了一些高难度的格斗技术，如，秦王李世民手下的一员大将尉迟恭不仅武艺高强，有万夫不当之勇，而且还有一手绝活：在战场搏杀中不仅能巧妙地避开敌人的长槊刺击，而且善于空手夺槊。李世民的三弟李元吉听说后，不相信，要与尉迟恭亲自比试比试。李元吉善于使槊，正想借这个机会除掉他怀恨已久的尉迟恭，就手舞长槊，杀气腾腾地拍马猛刺过来。尉迟恭眼疾手快，拨马闪身让过，一个鹞子翻身趁势握住李元吉的槊杆，腰一扭，臂一拧，轻而易举地拿下了铁槊。就这样一连三次夺走长槊，李元吉羞得满面通红，心中不得不服。（《旧唐书·尉迟敬德传》）

唐朝是中国历史上一个盛世，特别是在开国后的100多年里，万象更新。两晋南北朝时期那种萎靡不振的文弱风气被一扫而光，整个社会充满了蒸蒸日上、朝气勃勃的阳刚之气。唐代的文人们不但用笔来歌颂兵刀弓马的军旅生活，写出了大量的边塞诗篇，而且非常喜爱武艺，可谓一手握笔，一手提剑。被誉为“诗仙”的李白，15岁就喜爱击剑，25岁仗剑远游，走遍了祖国的名山大川，36岁时还“学剑来山东”。他不仅剑术高明，而且善骑马，能射箭。

唐朝初期，实行府兵制，农民平时种田，农闲时由兵府组织练兵，和平时期轮流到京城守卫或驻守边防，有战事时就应征出战，这种兵民合一的政策使武艺在民间广泛地传播开来。唐太宗李世民非常重视武艺训练。武德九年（626 年）在登基当皇帝时他对将士们说：“我不要你们为我修建供我赏玩游乐的园林，只要你们认真练习武艺。”（《旧唐书·太宗本纪》）唐代的军队以步骑混合的军种为主。军事武艺以枪术和射术为主，刀已经完全取代了剑成为军队的主要短兵器，出现了适于多种用途的各种类型的刀，如仪刀、障刀、横刀、陌刀等。于是刀术相应地发展起来。

唐朝女皇武则天在长安二年（702 年）第一次在中国历史上设置了武举制，就是通过考试选拔武官。在这以前，中国古代的科举制只设文科，只产生舞文弄墨的举人、状元。到这时，武艺高强之士也可以通过考试步入仕途了。武举考试的项目有七项，以枪术、射术和力量测验为主，具体内容有长垛、马射、步射、平射、筒射、马枪、翘关、负重、身材之选。

当然，通过武举制入选的武士，其地位远不能和通过文科考试中举的进士相比。但是它毕竟通过将一些实战技能作为考试内容，促进了军队武艺的规范化，同时给习武的人提供了一条晋升之路。唐以后的宋、明、清都继承了唐朝的武举制度，只是在考试科目上有适当的变化。

在军事武艺向规范化发展的同时，唐代的民间武术在套路化、娱乐化的方向上又向前迈进了一大步，这突出地表现在剑术方面。剑术在唐以前已经有了娱乐化的种种表现，如在战国时已有叫兰子的宋国人可以耍弄七把剑，其间总有五把在空中飞舞，有些像今天的杂技表演。这种表演到东汉达到了很高的水平。在张衡的《西京赋》里有对边走绳索，边做这种抛剑表演的生动描写。到了唐代，持剑舞蹈成为一种社会风气，友人宴饮时也舞剑助兴，如大诗人李白每至酒酣耳热之际，便拔剑起舞，“三杯拂剑舞秋月，忽然高咏涕泗涟”（《玉壶吟》），“万里横歌探虎穴，三杯拔剑舞龙泉”（《送羽林陶将军》），“高歌取醉欲自慰，起舞落日争光辉”（《南陵别儿童入京》）。酒酣兴浓，剑光闪闪，与落日争辉。李白的剑术具有较高的水平，当他“起舞拂长剑”时，“四座皆扬眉”。就是体弱多病的杜甫，在年轻时也曾“把臂开尊饮我酒，酒酣击剑蛟龙吼。”（《相逢歌赠严二别驾》）

这种表演性剑术可谓达到了出神入化的境地，当时精通剑术的人很多，其中最著名的剑术家就是裴旻（mín），剑一到他的手中，就像有了生命。《独异志》对他的剑术是这样描写的：裴旻骑在疾驰如飞的马上，手中的剑左右挥舞，寒光闪闪，忽然，他振臂一挥，宝剑一下子飞起数十丈高，直逼云端，发出闪电般耀眼的光芒，随即从高空直刺下来，疾如流星，只见裴旻举鞘一扬，“咔嚓”一声，宝剑入鞘。站在一旁围观的几千人，看得头发根直发麻。裴旻的剑术、李白的诗和张旭的书法在唐代被人们称为“三绝”。裴旻的剑术与实战的技术已有了较大的差异，带有明显的娱乐化、艺术化特征，所以能够吸引数千人。

剑术与艺术的进一步结合便是剑舞，也可以称为艺术化的剑术套路表演。唐代的剑舞已达到极高的水平，大诗人杜甫看了著名的公孙大娘的剑舞[①]，留下了极为深刻的印象，以至于过了 50 年后，在看

---

① 也有人认为是一种不持剑的舞蹈，但是从诗的内容来看应该是持剑的。

公孙大娘的弟子李十二娘表演时不禁回首当年，写下了千古名篇《观公孙大娘弟子舞剑器行》，今天我们似乎还能从中看到公孙大娘的剑舞如雷霆震怒、蛟龙出水，观众惊讶失色的生动情景。杜甫说，大书法家张旭就是因为常去观看公孙大娘的剑舞而受启发，草书大为长进。

公孙大娘的剑舞因为是舞蹈，需要高度艺术化的加工，自然与军事武艺完全不同，就是裴旻的剑术也与实际的作战技术有较大的差距，这与后来紧紧扣住攻防格斗为主题发展起来的武术套路有明显的区别，这说明唐代的套路武术还不成熟。但是武术，尤其是套路武术，需要极为丰富的动作素材，唐代舞蹈的高度发达，特别是武舞所达到的高峰，为后来武术的发展提供了重要的前提条件。

唐代女子也保持着巾帼英雄的雄浑武风，就是宫女们也有不凡的身手，这在唐诗中有生动的描写："辇前才人带弓箭，白马嚼啮黄金勒。翻身向天仰射云，一箭正坠双飞翼。"（杜甫《哀江头》）

从春秋战国开始，中国古代武术随着军事斗争的发展而逐渐形成自己的雏形，既有技击，又有套路，但是此时的武术还处于一种不成熟的状态，有的还没有从军事武艺中完全分离出来；有的则又过于艺术化、舞蹈化，难以划清与艺术的界限，还没有形成自己的理论体系和内容结构。与明清时的武术相比，这时候的武术还只是一种处于雏形状态的武术。

三、古代武术的成熟（宋—清）

经过了石器时代和青铜器时代长期的孕育、萌芽，又经过了铁兵器时代1000多年血与火的锤炼，中国古代武术自宋朝开始发生了质的飞跃，进入成熟时期，特别是在明、清两代，武术的奇花异卉在黄河上下、大江南北竞相开放，令人目不暇接。这是因为在这个历史时代，促使武术成熟的各方面的条件都具备了。

首先，从北宋开始，火器开始以较大的规模出现在战场上。最初，主要是利用火药的燃烧性能，制造出燃烧性火器来烧毁敌人的辎重给养和防御装备。后来，又用火药、碎瓷片和竹子造出类似炸药包的爆炸物，相当有威力。施放时，爆破声很是吓人，像晴天里打了一个闷雷，因此取名为“霹雳炮”或“霹雳火球”。1126年，金兵围攻开封，北宋的主战派大臣李纲在开封保卫战中，就用“霹雳炮”挫败了金兵妄图拿下开封的计划。北宋已有了专门制造火器的兵工厂，在宋神宗熙宁年间（1068—1077年），曾经在一天之中，造出火药箭7000支、弓火药箭10 000支、蒺藜炮3000支、皮火炮20 000支。[①]火箭成为宋朝军队的必备武器。南宋时我国最早的管形武器也出现在战场上，1132年金兵入侵南宋时，守卫湖北德安府（今湖北省安陆市）的守将陈规就发明了一种十分简陋的火枪。这种火枪，用竹竿制成，枪管内注入火药，用火药燃烧时喷出的火焰烧伤敌人，有点像今天的火焰喷射器。元代还制造有世界上最早的金属管形火器。[②]

到了明朝，火器已经发展到100多种，仅火箭就有单发和多发的几十种。

明代中期，在九边防御战中，仅在一个战车营中就配备过30 000

① 李少一，刘旭．干戈春秋［M］．北京：中国展望出版社，1985：111.

② 中国军事史编写组．中国军事史（卷一）［M］．北京：解放军出版社，1983：85—86.

支火箭。[1]到了明朝中期，火枪的质量已经相当高了。宋应星在《天工开物》中写道，火枪发射时，可以将 30 步内的鸟打成肉泥，50 步外的鸟才能保持原形。因此火枪也称为鸟铳，其射程、射速和穿透力都胜过弓箭。到明朝后期，鸟铳成为步兵的主要武器。火炮在明朝的战争中也发挥了极大的作用。根据《明史·兵志》、《明会典》和其他史料记载，明代创制的火器种类繁多，用途广泛，其中包括陆、骑、水、车战使用的各种枪、炮、铳和形形色色的火球、火箭以及地雷、水雷等。由于明军装备了大量的火器，因此战斗力得到加强，在东南沿海御倭战争和北方抵御蒙古人入侵的战争中，火器发挥了巨大的作用。明代末年，在与后金兵作战时，明军也是主要依靠火器与后金的金戈铁马相对峙。如明朝天启六年（1626 年），骁勇的后金军围攻明朝的宁远城，守将袁崇焕就是利用很有杀伤力的红夷大炮打退了后金的进攻。清太祖努尔哈赤就是在这次战斗中被炸成重伤的。民族英雄郑成功在收复台湾的战争中，也出色地使用火炮打击了荷兰侵略者。[2]

从宋代开始，虽然火器在战场上起的作用越来越大，但还不能完全取代冷兵器，冷兵器继续发挥着相当重要的作用。这是一个冷兵器向热兵器过渡，冷、热兵器协同作战的时代。从明朝著名将领戚继光（1528—1587 年）的著作中，我们可以了解到，当时的战法是在两军对阵尚未交锋时，先用枪炮和弓弩射杀敌人，使敌人大量减员，待

① 李少一，刘旭．干戈春秋［M］．北京：中国展望出版社，1985：114.

② 中国军事史编写组．中国军事史（卷一）［M］．北京：解放军出版社，1983：131—132.

李少一，刘旭．干戈春秋［M］．北京：中国展望出版社，1985：133.

到交锋之后，就用冷兵器跟敌人肉搏。

由于热兵器开始大量地取代冷兵器，许多曾经在战场上起重要作用的武器从军队中被淘汰，于是可以摆脱军事的束缚，在民间按照各种不同的需要，如娱乐、健身、表演等自由地发展，又由于冷兵器还没有完全被取代，仍然在战场上部分地发挥着重要的作用，民间武术的发展就不能完全不考虑军事的需要，完全脱离实战的需要。这种武术与军事若即若离的状态正是中国武术赖以形成和发展的最重要的条件。就是在这种条件下，武术可以从其他各种文化形式，如舞蹈、杂技、气功中大量地汲取营养，进行移植，而不必过多地考虑这些移植来的内容是否华而不实，在实战中是否都能派上用场。武术的设计不再单纯地从实战出发，这就为武术的发展打开了广阔的视野。于是，五花八门、丰富多彩的套路武术迅速发展起来；形形色色的早已从战场上消失的武器在武术家的手中依然青春不老，熠熠生辉。

这种套路武术与实际的军事格斗技能有相当大的差别，因此也被一些军事家称为花法武艺，禁止在军中练习。如明代何良臣在他的《阵纪》中就说，像花刀、花枪、套棍、滚杈之类，虽然好看，但是不实用，因此，在军中不应练这些套路武艺。戚继光也严格禁止军中练习“周旋左右，满片花草”的武艺，认为这是一种病态的武艺，而战场上真刀真枪的厮杀格斗是“杀人的勾当，岂是好看的”！（《纪效新书·或问篇》）他认为，拳法只是为了活动手足，使身体灵活的一种身体活动，与真正作战没有多少关系（《纪效新书·拳经捷要篇》）。这些军事家们正确地指出了这种个人演练的武术与千军万马冲锋作战的军事实战技术的区别。

但是，由于冷兵器格斗技击不仅在战场上起着相当的作用，而且在动荡的社会环境中，人们也需要一种有效的保卫家乡和自身安全的手段，因此，武术并没有完全脱离实战格斗，所有的武术动作仍然与实战有直接的或间接的关系，这就使武术始终保持自己“武”的特点，不至于变成舞蹈、杂技等其他的文化形式。

其次，从北宋开始，社会环境也有了很大的变化。手工业、商业空前繁荣，城市发展很快。在唐代，10 万户以上的城市只有 10 多个，北宋时多达 40 余个，其中开封、洛阳、杭州、扬州、大名、应天（今河南商丘）、苏州、荆州、广州、成都、福州、长沙、泉州都是著名的繁华都市。特别是京城开封，人口 100 多万，店铺次接毗邻，有 6400 多家。行人来来往往，车水马龙。城市里还出现了叫作“瓦子”（又叫“瓦舍”“瓦市”“瓦肆”）的大型娱乐场所。[1] 这些游艺场所本来是临时性的，在唐代时就已现雏形，如唐贞元年间，有一个名叫解如海的艺人“善击球，樗（chū）蒲戏，又善剑舞，数丹丸”，在长安戏场中卖艺时，有数千人聚集观看。这种表演，聚散无定，如史书中所说的“瓦者，野合易散之意也”（《都城纪胜》）；又称“瓦舍者，谓其来时瓦合，去时瓦散之义，易聚易散也，不知起于何时”（《梦粱录·瓦舍》）。随着城市的发展，市民的娱乐越来越成为社会生活的重要组成部分，这些临时性的娱乐场所也就逐渐固定了下来，成为宋代以后社会的一大景观。在瓦子里有“勾栏”（歌舞表演、江湖卖艺的场所）、酒肆、茶楼。勾栏里有戏台、戏房（后台）、神楼、腰棚（看席）。南宋孟元老《东京梦华录》卷二写道：

① 张传玺．中国古代史纲（下）［M］．北京：北京大学出版社，2004：199.

“其中大小勾栏五十余座，内中瓦子莲花棚、牡丹棚、里瓦子夜叉棚、象棚最大，可容数千人。”农村的集市也像雨后春笋般地涌现出来。南宋的杭州在南宋末年也发展成120万人的大都市，极其繁华。旅行家马可·波罗在元代到杭州时，对杭州的繁华与富有大为惊奇，称杭州为“天城”，为“世界其他城市之冠”。明朝的商品经济较宋元又有了进一步的发展，超过以往任何时期。繁华的城市社会生活很自然地需要有自己的娱乐和健身活动，套路武术正好可以满足社会的这种需要。因为套路武术不仅可以由江湖的卖艺人在大庭广众面前演练，供人观赏，而且很适合社会各阶层的人按照自己练武、健身、自我陶冶等不同的需要去学习、掌握。

宋代的武术尚无统一的名称，是按照不同的活动内容分别被称为使拳、使棒、舞砍刀、舞蛮牌、舞剑等。自宋代开始，舞枪弄棍、精通刀剑的民间艺人大量涌现，到处都可以看到他们精彩的武术表演。虽然从唐代中后期开始，军队中有了专门进行武术表演的军人，如负责唐代京城卫戍的神策军中就有精于摔跤手搏，以表演为任务的武士，这种军内武技表演到宋代有了新的发展。宋太宗从军队中选出了几百名身手矫健的武士，让他们学习各种剑舞。这些人还都有把剑抛向空中，然后跳起来从身体的左右再接住的本事。宋太宗在设宴招待契丹使者时，就让这支武术表演队登场献技。只见数百名武士袒露着臂膀，高声呐喊，钢刀飞上飞下，一片寒光闪闪，契丹来使不敢正眼相视。宋太宗在边境巡视时也让这些舞剑士们作为先导，每个人都显露自己的绝技，很有威慑力（《续资治通鉴长编》卷二十）。宋代军队中还有从左右军中选来的大约120名相扑手和棒手，叫“内等子”，主要任务是在圣节、御宴、大朝会时表演武术，并在皇帝出行时担任警卫，在圣驾两旁“着锦衣顶帽，握拳顾望，有高声者捶之流血”。这些人归隶御忠佐军头引见司管辖。每10天比赛检查一次，三年一次大考试，择优去劣，按武技等级开支钱粮。（《梦粱录》卷二十）

南宋的孟元老在描写北宋都城开封风土人情的《东京梦华录》中，记录了宋徽宗在宣和末年在开封宝津楼观赏诸军百戏的情景，并对这种武技军人的表演做了生动的描写：有两个人出阵，做互相击刺的动作，一个人跳过来直取对手，另一个人则摔倒在地。有五至七对这样互相格斗的表演者，有的是以枪对盾牌，有的是以剑对盾牌。有一对表演者装扮成村妇、村夫出场，拿着木棒互相对打。还有一种叫作“七圣刀”的表演：在施放爆竹的烟雾中，身上画有图纹的七名表演者，披散着头发，拿着真刀出场，互相格斗击刺，做出刺破面孔、剖出心脏的姿势。此外，还有气势磅礴的集体套路表演，100多个脸上涂着黄、白粉的表演者每人各拿一把木刀列成阵，在锣声的指挥下进行舞练。他们一边高声呐喊，一边变换阵势，最后列成一字阵，成对出列，互相格斗，进行完夺刀击刺等各种各样的精彩表演之后，将刀抛在地上，向后凌空摔倒，砰然有声，几十对人都是这样。

自宋代以后，中国古代的气功、导引等传统的健身术，经过了数千年的发展，也开始成熟。健身养生与传统哲学中的阴阳、五行、八卦学说和中医理论巧妙地糅合在一起，形成了自己独特的理论和方法。无论是强调行气、练意的内功，还是强调肢体活动的外功，都有相当成熟的功法，如“内丹术”“八段锦”“易筋经”等。这就为武艺与气功、导引结合，发展“内练一口气，外练筋骨皮”的成熟武术提供了良好的条件。同时，还因为城市市民生活中娱乐观赏的需要，其他一些文化活动，如舞蹈、杂技等也都在宋代后发展很快，这些文化形式不仅从武术中源源不断地汲取养料，也为武术提供了丰富的素材。就是在这样一个大的时代背景里，武术如鱼得水，左右逢源，迅速地发展成熟起来。

中国古代武术在明代以前还没有形成流派。随着武术的进一步发展，从明代开始出现了不同的流派，这是武术发展到一个较高程度的标志。戚继光在《纪效新书》中已经记载了当时比较有影响的一些武术流派，如宋太祖三十二势长拳、六步拳、猴拳、囮（é）拳、温家七十二行拳、三十六合锁、二十四弃探马、八闪翻、十二短等各种拳法。身怀绝技的民间武术家们也大批出现，他们有的善用腿，有的善用臂，都是以自己高超的技艺闻名于世的江湖好汉。如山东李半天的腿，鹰爪王的拿，千跌张的跌，张伯敬的打。器械武术的套路已有少林棍术、青田棍法、杨家枪法、巴子拳棍等（《纪效新书·拳经捷要篇》）。武术流派的产生有以下几个原因：

第一，由于火器开始大量地取代冷兵器，使得许多原来军队中的武艺失去原有的直接用于战场上厮杀的作用，成为一种体育形式。战场上的厮杀技术，正如戚继光说的，是“防身立功杀贼救命本身上贴骨的勾当”（《纪效新书·论兵紧要禁令篇》）。一招不慎，便有杀身之祸。所以，实战的技术动作都是遵循战争的规律设计的，简明实用，整齐划一，很难形成什么流派。而当武艺与实战有了一定的距离，成为体育形式之后，便摆脱了这种束缚，可以朝各个方向发展，从而形成流派。

第二，随着武术在民间的发展，由于交通不便、通讯不灵，传来的武术就在各自的小天地里继续发展下去。另外，各地人们的身体条件和自然环境都有一定的差异，即使同一种，或同一类武术在不同的地区也会有不同的架式套路。如长江流域一带的武术架式较小，拳式紧凑，被称为南派；而黄河流域的武术架式却大而舒展。

第三，不同的武术理论的出现，引出了新的武术流派。最明显的例子就是自明代以后，武术有了内、外家的区分，出现了与少林武术在武术思想上不同的内家武术，这对后来的一些拳术有很大的影响。

随着武术的成熟，社会上习武的人越来越多。从宋代开始，民间出现了“结社”练武的现象，也就是出现了许多老百姓自己组织起来的练武团体。这些组织在农村主要是为了保卫家乡，这是因为宋时的北方边境辽、西夏南侵日益严重，境内也是烽火不断，外患加内忧，使得居民尤其是北方边境的居民不堪惊扰。为了抵御内外侵扰，农民有了习练武艺的迫切需要，于是出现了民间自发的自卫习武组织，如河北一带相当普及的“弓箭社”。乡民们不论家贫家富，每户各出一人，由乡民们自己推荐家业富足、武艺出众的人担任社头、社副和录事，大家称这些人为“头目”。弓箭社这类民间自卫习武组织，订有“社约”，有着严格的纪律，它们自己制定的赏罚规定，甚至比官府制定的还要严厉。弓箭社员各自备弓一张、箭三十支、刀一口。各社自己选择一块空闲平坦的地作为演习弓箭的地方。每逢三、六、九日习射。练习的主要射法有两种，一是近射，就是将三尺长的小棍插在地上，在40步的距离射小棍，要练到每射必中才行。第二种叫“攒射法”，箭靶是用草扎成的人，颜色各不相同，由声音洪亮的社友手执一面红旗进行指挥，指向哪个草人，大家就一起射那个草人。乡民们在锄地时带着弓箭，砍柴时也佩带着刀剑。遇到紧急情况时，就击鼓集众，顷刻之间可招来上千人，而且都备好了武器、护甲和鞍马。（《苏东坡全集奏议集》卷十四）

弓箭社等武术组织的大量出现，使普通百姓习武的机会大大增加。社会上出现了许多传授武艺的私人武师，如岳飞年轻时，先跟着私人武师周同习射，又从师于当地有名的枪手陈广学习“技击”，终于成为“一县无敌”的武技家（《金佗编》卷二十八）。民间有一大批技艺高超的武术家，如人称“李铁枪”的李全“弓马趫（qiáo）捷，能运铁枪”，他的妻子杨妙真“二十年梨花枪，天下无敌手”。（《宋史·李全传》）

与农村里求生自保的弓箭社等习武团体不同，宋代的城镇中出现了娱乐性的习武团体。这类团体人数少的为“火”，人数多的叫“社”。除了像蹴鞠、打球等“则非仕宦者为之，盖一等富室郎君、风流子弟与闲人所习”的团体外，还有一些武术组织，如南宋临安有“川弩弓箭社”、“相扑社”、“英略社”（使棒）、“锦标社”（射弩）等。据《西湖老人繁胜录》记载，每社“不下百人”。“武士有射弓弩社，皆能攀弓射弩，武艺精熟。射放娴习，方可入此社耳。”（《梦粱录》卷十九）可以说，它们属于业余性活动组织，有点类似今天的武术协会。这些组织主要是为了交流武技，休闲娱乐，在适当的场合表演。不少平民也自愿结社，因陋就简，“自置裹头无刃枪、竹标排、木弓刀、蒿矢等习武技”。（《宋史》卷一九一）

这类武术社团一般都有社约，并推举武艺高者为教头，带领大家练武。这种市民娱乐性的武术组织在太平时期的城市，特别是人口比较密集的城镇，有较大的发展。

清初，各地相继出现许多以反清为宗旨的秘密团体，如天地会、白莲教、天理教、八卦教，还有青洪帮、哥老会等江湖组织。多以劳苦大众、乡村的贫雇农为会众，组织的形式有练武、治病、互济等。有些分支的组织就是以练武的特点命名的，如红枪会、顺枪会、小刀会、义和拳等。少林拳术在全国各地开展，由于是秘密传播，全凭口耳相传，所以流派众多，各立门户，自成体系。

由于武术的成熟及其在社会上的广泛流传，从宋代开始，特别是在明代以后，关于武术的著作也大量出现。在这以前，由于习武的人大都是文化水平较低的武夫，师傅教徒弟也主要是通过口授身传，因此，武术的经验没有被很好地总结，也不可能广泛地交流。明代的戚继光，在中国武术走向成熟的关键时期做出了突出的贡献。戚继光虽然一再提醒人们分清那种只图好看而不实用的花法武艺和实战技能的区别，但并没有忽视拳术在身体训练方面的良好作用和一些器械套路中的有用成分，因此，他认真总结了明代优秀的拳术和棍法、枪法、狼筅（xiǎn）法等，在他的《纪效新书》中有图有文，记录得一清二楚。与戚继光同时期的唐顺之（1507—1560 年）和俞大猷（yóu）（1504—1580 年）也都是文武双全的武术家，在这一时期起了重要的作用。除了戚继光的著作外，下面的这些著作也包含大量有关武术的内容：宋代的《武经总要》《角力记》；明代戚继光的《练兵实纪》、何良臣的《阵纪》、王圻与其子王思义的《三才图绘》、俞大猷的《剑经》、王鸣鹤的《登坛必究》、茅元仪的《武备志》、程子颐的《武备要略》、唐顺之的《武编》和《荆川先生文集》、郑若曾的《江南经略》、谢肇淛（zhè）的《五杂俎》、程宗猷的《耕余剩技》、洪转的《梦录堂枪法》、玄机和尚的《拳经拳法备要》、程真如的《峨眉枪法》；清代吴殳（1611—1695年）的《手臂录》和《无隐录》、王宗岳的《太极拳论》、烟水山人的《万宝全书》、黄百家的《内家拳法》、王晫（zhuó）的《兵杖记》、徐珂的《清稗类钞》；等等。

由于学习武术的人越来越多，按照什么样的步骤才能掌握门类这样繁多的武术，人们也开始对这个问题进行探讨。例如戚继光提出，拳术可以使手脚灵活，肢体敏捷，是初学武艺时应首先掌握的（《纪效新书·拳经捷要篇》）。何良臣也认为拳术是武术的基础，应该先学拳术，再学棍术，一旦掌握了拳法、棍法，那么，其余的器械像刀呀、枪呀就很容易学习了（《阵纪》）。另一个明代抗倭名将俞大猷用人们读书先读“四书”来比喻练习棍术在器械武术中的重要性。他认为，一旦学会了使棍，其他兵器也就都会使用了（《剑经》）。

武术成熟的一个重要标志是武术内功的出现。明清时期也是气功学术最为繁荣的时期，气功著作大量出现，气功在社会的各个阶层和群体中得到空前普及。武术与气功的迅速发展促进了武术与气功的结合，易经筋和太极拳的出现标志着武术技击与内功修炼的结合已经进入成熟阶段。在此之前，古代的气功导引术主要用于治病保健，并不强调内壮外勇，而易筋经则跳出了医疗保健的轨道，不再以治病防病为目的，而是将注意力集中在强身壮力，以“气盈力健，骨劲膜坚”为目的，因此，成为少林武术家必修的基本功法。

从此，内外结合，交修互练就成为中国武术的一大特点，中国的武术家也同时是功力深厚的气功家。

中国武术这株奇花异木，萌芽于人类懵懵懂懂的远古时代，经过几千年血与火的磨砺，终于在封建社会的晚期结出了累累硕果。

第三章 古代武术的一些主要内容

中国古代武术在明、清时期发展成熟以后，出现了许许多多武术流派。它们有的名震海内，一提起来无人不知，无人不晓；有的只流行于一方，具有浓厚的地方特色。就是同一武术流派也因师传的不同，地区的差异，而演化出各种各样的小流派。中国古代武术千门万户，内容极其庞杂，这里能介绍的只是其中的一部分，就是这一部分也只能是粗线条的勾勒。

一、少林武术

在河南省登封市嵩山秀丽的五乳峰和雄奇的少室山怀抱中，有一座佛教古刹——少林寺。在这一片佛门净土上发展出了声名远扬海内外的少林武术。少林武术在我国武术发展史上占有极其重要的地位，是中华武术的一块瑰宝，许多拳术的产生都与它有直接的关系，因此有“天下功夫出少林”的说法。少林寺也被人们奉为武林圣地。但是，围绕着少林武术也有许多考无实据的故事，穿凿附会，真真假假，扑朔迷离，让人难以看清庐山真面目，使少林武术总是带着几分神秘的佛光。少林武术究竟是怎样发展起来的？人们一直在争论不休，广泛流传于海内外的一种说法是印度来的达摩首创了少林拳。

菩提达摩像

菩提达摩（？—528 或 536 年）是南天竺高僧，天竺禅宗第 28 祖和中国禅宗的初祖。他在南北朝时由海路到广州，又北上到了北魏（386—534 年），在洛阳、嵩山等地游历并传授禅学。达摩主张寂坐修心悟禅，就是用静坐的方法来修炼。据说他曾在少林寺附近的“达摩洞”里，面对着洞中的石壁，端坐了九年，最后坐化而逝。由于他在修炼时全神贯注，石壁上竟然投射出他静坐时的形象，现在少林寺里还存着这块“面壁石”。达摩是怎样创拳的呢？有两种不同的说法。一种说法是，由于达摩本人一年又一年地静坐，身体容易疲劳，有时就得起来甩甩胳膊、踢踢腿，活动活动肢体，再加上时常还得对付山林中野兽的干扰，需要一些自卫的本事，于是达摩就发明了一种拳术，这就是少林拳的起源。另一种说法则是达摩在讲授经理时，看到下面听讲的和尚们一个个无精打采，形体也不舒展，为了让他的徒弟们强身健体，达摩就教给他们一套名叫“十八罗汉手”的拳，少林拳就是在“十八罗汉手”的基础上发展而成的。

这些说得有鼻子有眼的达摩创拳的故事还缺乏足够的证据，主要是后人编出来的。宋朝的道原在达摩死后 500 年，写了《景德传灯录》，在书中首次提出达摩在少林寺“面壁九年，坐逝而化”的说法，于是，达摩被奉为少林寺的初祖。又过了几百年，到了明朝天启四年（1624 年），一个号称“天台紫凝道人”的人，假托达摩，写了一部与健身有关的《易筋经》，又提出达摩创拳的说法。书中有一篇托名唐朝开国功臣李靖写的序文，这篇序文在道原的《景德传灯录》的基础上，又讲述了《易筋经》神奇的来历：达摩面壁处的石碑基座经过风吹雨淋，有所损坏。少林寺里的僧人在重新修整时发现一个用胶漆密封的石盒，试了各种方法都打不开，后来用熔化的蜡浇注才得以开启。发现盒中有两部书，一部是《洗髓经》，另一部就是《易筋经》。从这以后，又有一些书对达摩创拳的说法进行了演绎、发挥，使达摩创拳的说法更加活灵活现，达摩创“十八罗汉手”的说法就是这样出现的。

其实，少林寺早在达摩到来之前就有了。北魏的孝文帝在太和十九年（495 年）就为来北魏的天竺高僧跋陀修建了这座寺庙。由于寺院建在少室山林木幽深之处，所以叫少林寺。因此，少林寺的始祖是跋陀，而不是许多人所说的达摩。史书上没有记载跋陀是不是会武术，但是，他一开始招收的小徒弟们似乎手脚都相当矫健。像惠光和尚年仅 12 岁，竟然可以站在井栏上踢毽子，一口气踢了 500 多次，正好让路过这里的跋陀看到，跋陀心中暗暗称奇，觉得这个孩子小小年纪就有这种本事，一定不是凡人，就收了他当徒弟。后来继承了跋陀的衣钵的北齐人僧稠也有一段神奇的经历。据说僧稠刚入寺时，身体单薄。当时少林寺的和尚很多，大家都喜欢在闲暇时角力摔跤，打打闹闹。僧稠初来乍到，就常受一些身强体壮的小和尚的戏弄，于是发愤练武，又吃了神人给的一大钵肉筋，于是变得力大无穷，一身武功，还有飞檐走壁的本事，以前欺侮他的那些和尚都吓得直给他磕头，不敢正眼看他（《朝野佥载》）。

这个传说虽然有夸张成分，但是至少可以说明，少林寺在一开始并不像其他一些寺庙，僧人们枯坐终日，就知道念经，没有身体锻炼。这里从一开始建寺，似乎就有一些习武的倾向。后人把少林武术归功于达摩，不过是想借达摩的名气提高少林武术的地位罢了。其实，少林武术不是靠附会达摩吹出来的，而是靠扎扎实实的过硬本领才名扬四海的。

据史料记载，少林武艺从隋末唐初开始闻名于世。在李世民削平群雄、统一全国的战争中，少林僧人志操、惠玚（yáng）、昙宗等曾帮助当时的秦王，也就是后来的唐太宗李世民征讨王世充，擒拿了王世充的侄子王仁则，为李世民攻克洛阳立了战功（裴漼《少林寺碑》）。于是，昙宗和尚被封为大将军，其余的人因为不愿做官，都得到皇帝赏赐的紫罗袈裟。另外，李世民还赐给少林寺 40 顷田地和一具水碾。从这以后，少林寺的名声大振。

少林寺

随着少林武术名声的日益显赫，天下的英雄豪杰、武林高手，从五湖四海慕名而来，以武会友，交流武技，这样，少林武术汇集了四面八方的武技精粹。从宋代开始，少林武术先后汇纳了宋太祖赵匡胤的长拳、韩通的通背拳、马籍的短打等十八家拳法的精华，编成拳谱，流传后世。

据说在元朝，山西太原有一个酷爱武术的武林高手，名叫白玉峰。他个头不高，但身手矫健，精通武艺和气功，尤其是他的剑术相当精妙。白玉峰为人豪爽，喜欢交友。凡是路过太原的武林好汉，白玉峰知道了，就非要请到家中，热情款待，切磋武技。白家虽然很富，但由于他一门心思都在武术上，不理家务，坐吃山空，家业就败了下来。于是他干脆离开家乡，云游四方，以传授武艺为生。后来白玉峰与另一位武林高手李叟接受了少林寺觉远和尚的邀请到了少林寺。在少林寺，白玉峰将少林武术与自己的技艺结合起来，融会贯通，把少林旧有的罗汉十八手增加到一百七十多手。他认为练武有五个因素最为重要，这就是精、力、气、骨、神。这五大因素相辅相成，于是编出龙、虎、豹、蛇、鹤五种拳法。龙拳练神，虎拳练骨，豹拳练力，蛇拳练气，鹤拳练精。李叟也把擒拿、棍法的绝技糅合在少林棍法中，并传授了大、小洪拳，对少林武术做出了重要贡献，使少林名声大振。由于觉远和尚通过遍访名师，成就了少林派武术的神妙绝技，后人尊他为少林拳法的"中兴之祖"。后来，白玉峰也削发为僧，号为"秋月禅师"；李叟在少林传艺十几年后离去。[①] 虽然这个广泛流传的故事的真实性还值得探讨，因为元朝严禁民间习武，大概少林寺也不能例外，但是它反映了少林武术不断地从民间吸取营养的事实。还有不少民间武术家为了避祸，削发为僧，利用佛门保护自己，把自己的技艺带到少林寺。

少林棍法为武林一绝，但是少林棍法能达到这种高深的境界是与明朝著名的抗倭将领俞大猷分不开的。俞大猷武艺高强，尤其是他的棍法非常高明。因久闻少林棍法的盛名，明朝嘉靖四十年（1561 年）俞大猷在南下赴抗倭前线的途中，专程前往少林寺一游。少林寺的住持小山上人让精通棍术的武僧给俞大猷表演。不料，少林棍僧的技艺使俞大猷非常失望。他坦率地批评道，少林僧人的棍法虽然名气很大，但已经失去真传。俞大猷的话使少林僧人大为震动，他们立刻表示要请俞大猷传授棍法。无奈此时俞大猷军务在身，不能久留。于是，小

① 无谷，刘志学．少林寺资料集［M］．北京：书目文献出版社，1982：82.

山上人选派了两个年轻而身手矫健的僧人宗擎和普从，跟随俞大猷前往军队学习。他们在俞大猷的指点下整整学习了三年，然后回到寺中又传授给其他僧人。就这样，有近 100 名僧人掌握了俞大猷的棍术，从此少林棍法更加精妙（俞大猷《正气堂集·新建十方禅院碑》）。

作为中国古代武术的圣地，少林寺也为培养武术人才做出了很大的贡献。如著名的明代武术家程宗猷（1561—？）就曾经在少林寺学习武术十几年，深得少林武术的精髓。他离开少林寺后，写出了《少林棍法阐宗》这一重要的武术著作。

少林武术在明代达到了很高的水平，给当时去嵩山的游人留下了深刻的印象。如明人王士性游少林寺时，亲眼看到了少林武僧们表演的拳术、棍术。在他的游记中称赞道"拳棍搏击如飞"。一个僧人的猴拳表演更是使王士性赞叹不已，他写道"盘旋踔（chuō）跃，宛然一猴也"（王士性《嵩游记》）。明代文学家袁宏道（1568—1610 年）在看了表演后也情不自禁地将少林拳术称为"绝技"（王士性《嵩游记》）。

的确，在明代不仅少林寺里的武僧们一个个技艺高超，就是寺里的一些勤杂工，长期生活在这样一种尚武习武的环境里，耳濡目染，也不可小觑。有个叫边澄的宁波小伙子，力气很大，能够用肩膀顶住下山的车子。他听说少林寺的武功天下有名，就去少林寺当了一名烧火工。僧人们习武时，边澄常在一旁认真观察，用心琢磨。这样过了三年，少林寺的住持感到他劳苦了多年，准备教他几手，不料，边澄回答道，我已粗知一二。一试，果然身手不凡。后来，边澄离寺漫游各地，居然没有碰到敌手。一天，边澄到了姚江（今浙江省余姚市），在酒馆里与当地的一个豪门子弟发生冲突。这个豪门子弟与边澄角力，被击败，于是恼羞成怒，纠集100多人，拿着长矛，围攻边澄。有少林武功在身的边澄，泰然自若，在矛尖就要扎到自己身上的刹那间，忽然用佩巾缠住一支长矛，纵身一跃，便出重围。众人大吃一惊，扔下长矛，倒身便拜。后来，在明武宗年间（1506—1521年），日本人假借进贡窥伺边防，其中一些人精于枪术，听说边澄的武艺高强，就提出要与边澄较量较量。于是十几个人对边澄一人，日本人拿着枪直逼过来，只见边澄用大扒一挥，日本人的枪纷纷落地（《宁波府志》）。

少林武术之所以扬名天下，除了武技高超外，还与少林武僧在民族危难的时刻能够挺身而出，为民族赴沙场、洒热血有直接关系。在明朝，特别是在嘉靖年间，日本海盗经常入侵东南沿海一带，烧杀抢掠，无恶不作，被人们称为倭寇。沿海一带的人民深受倭寇的祸害。抗倭成了明朝的一件大事。倭寇多是一些亡命徒，都有一些武术功底，使用的倭刀也锋利坚韧，很难对付。再加上有火器的配合，战斗力很强。明朝的军队屡战屡败，直到抗倭名将戚继光组织了精锐的戚家军，才改变了这一状况。在这场保家卫国的抗倭战争中，少林武僧也贡献了自己的力量。在明嘉靖年间，少林派武僧月空带领30多个和尚组成了僧兵队伍，奔赴松江一带与倭寇作战。这些武僧，都有高超的武技，手持七尺长、30斤重的铁棍，所向披靡，立下了不少战功。后来，因地形不熟，失去后援，陷入敌人重围。倭寇伪装成明军乘虚而入，武僧全部战死（《吴淞甲乙倭变志》）。

因少林僧参加过反清复明的活动，在清代康熙年间，少林寺曾遭到焚毁。在少林曾遭受的三次火灾中，这一次最为严重，使少林武术的发展遭受了一次很大的挫折。不过，由于僧人们流落四方，也使少林武术在更大的范围传播开来。为了巩固自己的统治，清政府在雍正五年（1727 年）下令禁止民间习武。命令地方官逮捕法办传授和学习拳棒武艺的人。这种高压政策使少林武术的发展受到限制。但是少林僧人和附近的民众并未因此停止练武，只不过是采用了更为隐蔽的方式，如采取远离山门、夜间练习等办法暗中练武，将少林武术一直延续了下来。道光八年（1828 年）清廷的一个大官麟庆在巡视途中住进了少林寺，提出要看一看有名的少林拳术，僧人装作听不懂。为了让僧人放心，麟庆说："我早已听说少林僧练武是为了保护名山，你们就不必对我打埋伏了。"方丈见他确实没有恶意，就派出几个武僧在紧那罗殿前演练一番。麟庆看后赞不绝口（麟庆《鸿雪因缘图记》）。

经过漫长岁月的积累，少林武术的内容日益增多，形成了一个由拳术套路、散打、器械和功法组成的武术体系，内容十分丰富。仅就少林拳来说，它不仅仅是指一种拳术。少林寺附近民众练习的地方拳，也都称为少林拳。因此，少林拳的套路很多，有小洪拳、大洪拳、老洪拳、少林虎战拳、少林十字拳、少林脱战拳、少林罗汉拳、少林石头拳、梅花桩、炮拳等几十种。少林拳的一个突出特点是讲究"拳打一条线"，就是说套路的起止进退全在一条直线上。少林拳还主张"拳打卧牛之地"，强调近战，在不出前后两三步的小小空间里决定胜负。因此少林拳的击法重实用，没有多少花架子，动作朴实，招式多变，力量运用灵活而有弹性，内静外猛。人们用"秀如猫，抖如虎，行如龙，动如闪，声如雷"来形容少林拳法。

少林武术还有多种多样的器械武术套路。在技击散打方面，少林武术也有独具特色的100多种击法。

另外，少林武术中还包含着各种各样的练功方法，有“少林七十二艺”的说法，如：一指金刚法、双锁功、足射功、拔钉功、抱树功、四段功、一指禅功、铁头功、铁布衫功、排打功、铁扫帚功、竹叶手、蜈蚣跳、提斤斤、仙人掌、刚柔法、朱砂掌、卧虎功、泅水术、千斤闸、金钟罩、锁指功、罗汉功、壁虎游墙术、鞭劲法、琵琶功、流星桩、梅花桩、石锁功、铁臂功、弹子拳、柔骨功、蛤蟆功、穿帘功、鹰爪力、铁牛功、鹰翼功、阳光手、门裆功、铁袋功、揭谛功、龟背功、蹿纵术、轻身术、铁膝功、跳跃法、摩插术、石柱功、铁砂掌、一线穿、吸阴功、枪刀不入法、飞行功、五毒手、分水功、飞檐走壁法、翻腾术、柏木桩、霸王肘、拈花功、推山掌、马鞍功、玉带功、阴拳功、沙包功、点石功、拔山功、螳螂爪、布袋功、观音掌、上罐功、合盘掌等。[①]这些功法的内功用来练精、气、神，而外功、硬功用来练搏击中置敌于死命的绝招。如点石功、铁膝盖等，功成后可以用一指、一膝的力量在格斗中给人以致命的打击，至于轻功则可以使人身手轻捷矫健，腾走如飞。

显然，这样一个宏大的武术体系，不是哪一个人或几个人就能创造出来的。这里既有少林僧人们的智慧，又有民间武术家们的贡献。少林武术在中国武术发展史上有非常深远的影响。下图是少林寺白衣殿僧人们练武的清代壁画。

---

① 无谷，姚远．少林寺资料集续编［M］．北京：书目文献出版社，1984：490—542.

少林寺白衣殿壁画（选自《中国古代文物图集》）

二、内家拳

自宋代开始，特别是在明、清两代，一种强调内功的武术派别发展起来，一开始主要流行于武当山和浙江东部一带。这一武术派别为了与以少林武术为代表的刚硬直取、主动技击的打法相区别，把少林武术称为外家拳，而将自己的称为内家拳。其实，将武术划分为内家、外家，严格说来是不够准确的。因为被称为外家的少林武术，也有上乘的内功。而内家的武术也并非总是一味地后发制人，以静制动。如果用这种划分来表示两种不同的武术风格，即外家武术主动、主刚、尚力，而内家武术主静、主柔、重意，还是可以的。

内家拳是如何产生的，由于缺乏足够的史料，还不十分清楚，有各种各样的说法。最早提到内家武术的是明末清初的著名学者黄宗羲（1610—1695 年）。他在为明朝的一位内家武术家王征南写的墓志铭中提到，有一派与少林外家不同的内家武术家。他们以静制动，攻击他们的人一经交手就被击倒在地。他还说内家拳是由宋代武当山的道士张三丰创始的。张三丰应宋徽宗的召见，在去京城的途中，梦中得到神人的传授，创出内家拳（《南雷集·王征南墓志铭》）。黄宗羲的儿子黄百家在《内家拳法》中也说：张三丰精通少林拳，后来对少林拳进行了彻底改造，创出内家拳。内家拳技艺玄妙深奥，学会一两手便足以胜过少林拳。这些说法有明显的夸张。张三丰在中国武术史上是一个充满神秘色彩的人物，后人常常把一些拳术发明归到他的头上。究竟张三丰与武术有没有关系，由于缺乏令人信服的史料，也因为在中国历史上同名同姓的张三丰还不止一人，一时还难以下结论。不过，从这些说法中至少可以看到，内家拳并不是凭空造出来的，它与少林拳有一定的关系。也可以说它是少林武术与内功结合的产物。就是把以“静”为主的内丹修炼术与以“动”为主的少林武术融合在一起，这样“外练筋、骨、皮”与“内练精、气、神”就糅为一体了。

内家拳法在技击上很有自己的特点，清代曹秉仁在《宁波府志》中写道：武术有两种派别，一是外家，一是内家。外家以少林最为有名，在击法上主张先发制人，跳踉（liáng）奋跃。但是，因为主动出击就难免有疏漏，这样，就会给对手以可乘之机。而内家拳则主张后发制人，不到万不得已时不出手，而一出手则防不胜防。这样的拳法使对手很难找到破绽进行攻击，所以内家武术更为高明。

关于内家拳，还流传着这样一个传说：明代内家拳高手、浙江宁波人张松溪，外观看上去非常瘦弱，好像连身上的衣裳都撑不起来，行动举止文质彬彬，像个书生。但就是这个其貌不扬的人有一身精湛的内家武功。当时正是倭寇在东南沿海一带骚乱的时候，有 70 名少林武僧应募去打倭寇，听说张松溪的威名，要求与张松溪比试比试。张松溪说，要比武可以，但要先立好生死文书，死伤概不追究责任才行。于是，双方立了字约。张松溪在酒楼上袖手而坐，一名僧人飞身来踢，张松溪身体微微一侧，顺手一送，这个少林武僧如同弹丸一样，凌空坠落，跌在楼下几乎摔死，其他的少林僧人这才惊服。还有一个传说，张松溪 70 岁时曾经把三块大石垒在一起，然后，赤手空拳地一击，三块石头立时都被劈为两半（柴萼《梵天庐丛录》）。当然，这些传说有明显的抬高内家拳贬低少林拳的意思。其实，少林拳、内家拳都是优秀拳种，很难说哪个高，哪个低，正如武术家们常说的拳术无高低，功夫有深浅。

内家武术在技击上讲究“点穴法”，就是在交手格斗时，有意识地去点击对手经络上的一些特殊穴位。点穴法是根据中医经络学说的理论设计的。中国古代中医理论认为，经络是人体气血流通的通道，这种通道像一张大网把全身上下、内外联结在一起。从头顶到脚跟，五寸一大穴，五分一小穴，全身共有 300 多处穴位。对其中的一些穴位用手指、肘、膝、脚尖给以迅猛的点击，可以使气血的运行受阻。这样可以造成生理机能的暂时失调，出现疼痛、酸软、昏迷甚至死亡。这些穴位被称为麻穴、哑穴、晕穴和死穴（习惯的说法是三十六穴，麻、哑、晕、死各九穴）。由于气血是按照一定的时间在体内流动的，在流到某一穴位时，点穴才有较大的效力。因此，点穴法非常注意在不同的时间点不同的穴位。内家拳的高手们都有相当高超的点穴技术，如明末清初的武术家王征南（1616—1669 年），有一次受到一个恶霸的侮辱，王征南略施点穴法，使这个家伙几天解不出小便。还有一次王征南与黄宗羲同游天童山，遇到一个名叫山焰的和尚。山焰很有气力，四五个人也打不过他，但是当他一接近王征南，就被点中穴位，疼得动弹不得。

后来被人们称为内家武术的太极拳、形意拳、八卦掌等拳种也都把点穴视为本门中不轻易示人的重要技法。如太极拳将点穴术与“节膜”[①]（击打筋膜）、“拿脉”、“抓筋”列为四功，而且是四功中难度最大、要求最高的功法。点穴的技击效果也是四功中最为显著的，正如拳谱所说的“膜若节之，血不周流。脉若拿之，气难行走。筋若抓之，身无主地。穴若闭之，神昏气暗”（《太极拳谱》卷七，见于《杨谱：清代杨氏传钞老谱》）。还有专门的“打穴歌”：“身似弓身劲似弦，穴如的兮手如箭。按时发兮须忖正，千万莫要与穴偏。”（《太极拳谱》卷十二，见于《陈谱：清末陈鑫太极拳论著》）意为穴有生穴死穴之分，关系到人的生死存亡，不易掌握，更为重要的是不能传给邪恶之徒。故古代武术家们对点穴术只采取口授的方法（《太极拳谱》卷八，见于《杨谱：清代杨氏传钞老谱》）。

其实，不仅内家武术重点穴，少林等外家武术也有自己的点穴法，如《少林点穴法》是这样写的：“点法必先通其取，骨度分寸皆适应，局部定寸若干份，长宽一份亦一寸，无分老幼或男女，骨度

① 《易筋经》将“膜”解释为筋膜，指包贴在骨外的一层软组织。

分寸取穴存；一二节间定一寸，指中横宽亦寸半，拇指首节定一寸，皆用男女定全身，悉知要害点穴位，百击百中功夫真。”

根据黄百家的《内家拳法》记载，内家拳除了强调内功的修炼和点穴法外，还包括三十五种手法（又叫三十五掌或三十五拿）、十八种步法、十二招式、七十二跌等。有名的内家武术家有张松溪、叶思南、王征南等。自黄百家以后，内家拳失传。

三、太极拳

“太极”一词，最早出现在战国时期的一部哲学著作《周易》中，指天地未分时的混沌元气，世上万物都是由这种元气变化产生的（《周易·系辞上》）。太极拳就沿用这种无所不包的太极理论，既表示这种拳以充斥在天地之间的元气为基础，又说明了这种拳像这种气一样，有无穷的变化，又万变不离其宗，难怪有人把太极拳叫作“哲拳”。

太极拳最初并不叫这个名字。有人叫它“长拳”，因为这种拳招式很多，一打起来就像长江大河在流淌，滔滔不绝，没完没了，也有人叫它“绵拳”，因为它又像行云流水，绵柔不断，还有人把它称为“十三势”，因为这种拳术由八种最基本的劲法和五种步法构成，又叫“八门五步”，这就是掤（péng）、搌（lǚ）、挤、按、采、挒（liè）、肘、靠、进、退、顾、盼、定。一直到了清朝乾隆年间（1736—1795年），著名的太极拳家王宗岳写了《太极拳论》，用太极阴阳学说来讲解阐述太极拳的拳理，太极拳的名称才固定了下来。

太极拳究竟是在什么时候，如何产生的？人们一直有各种不同看法，至今未能取得一致的意见。其中影响比较大的有两种说法，一种认为太极拳是宋代武当山的道士张三丰编创的。这种说法在海内外一度流传很广，但是缺乏令人信服的史料。另一种说法，也是现在武术界较为流行的观点认为，太极拳是明朝末年战将陈王廷（？—1719 年）解甲归田回到河南温县陈家沟后编创的。20 世纪 30 年代，体育史家唐豪在陈家沟进行实地调查后，这种看法为越来越多的人所接受。

除了这两种影响比较大的说法以外，关于太极拳的创始人还有其他一些观点，如唐朝的许宣平、李道子、胡镜子，南北朝的韩拱，明朝的戚继光，清朝的王宗岳，等等。也有人认为太极拳是由形意拳演化而来的。

不管人们对于太极拳创始人的观点如何不同，太极拳在明清开始流行，是大家公认的事实。虽然太极拳出现得比较晚，但是它产生的根源可以追溯到宋代，甚至更早。太极拳的产生不仅与套路武术的发展有关，而且与古代的气功、导引的发展有密切关系。

气功、导引在中国出现得较早，经过数千年的发展，到宋代已经发展得比较成熟，出现了像八段锦、易筋经等将行气、练意、养形融会贯通，结合在一起的健身套路。这说明，在如何将身体的内部与外部、运动与静止、精神与形体、内气与外力融为一体的这些问题上，人们已经有了成功的经验。只是这时候的健身套路还不具备武术技击的特点。能不能把这些经验应用到武术中去，创编出一种既有气功导引的健身功效，又仍然保持着技击格斗功能的新的武术形式，这就是当年太极拳的创始人们所面临的问题。太极拳实际上就是古代健身术与武术巧妙结合在一起的产物。它的出现是很不容易的，它要求一个民族有可以把宇宙万物纳为一体的哲学思想，有成熟的行气练意的健身术，有一整套发达的武术格斗技术，还要有把这三者不露痕迹地结合在一起的能力。幸运的是，所有这些条件，中华民族都具备了。太极拳就是以古代的太极、阴阳学说和经络学说作为理论基础，吸收了古代气功中呼吸吐纳的行气运动方法，荟萃了各家拳法的精华而创编出来的。清代太极武术家王宗岳在他的短小精辟的《太极拳论》中对太极拳做了深刻的阐述。太极拳是中国对世界体育和世界文化做出的卓越贡献。

太极拳强调身体内部的意念和内气的重要作用，用意气运动统领整个身体的运动。在练习时静心用意，呼吸自然，中正安舒，柔和缓慢，连贯协调，虚实分明，轻灵沉着，刚柔相济。在太极拳运动中身体上上下下、里里外外都得到了锻炼，因此是一项很好的健身运动。

太极拳

太极拳在技击方面也是很独特的。它以处处走弧线的动作，不断地划圈，大圈变小圈，小圈变大圈。在这种看起来似乎没有什么攻击力的弧形运动中，运用掤、攦、挤、按、采、挒、肘、靠等八种劲法，与脚法、身法相配合，以柔克刚，以静制动，避实击虚。

太极拳采取后发制人的打击方法，主要靠“化劲”和“发劲”这两种劲。化劲就是当对方进攻时，不是以硬对硬，而是通过自己手脚身法的变换，以粘、黏、连、随的功夫，采取诱敌深入的办法，顺着对方用力的方向做圆周运动，将对方攻击的力量沿着圆的切线“化”走，将对方的身体重心慢慢牵引到支撑面的边缘。在“化”走对方的力量的同时，通过自己的皮肤的触觉，判断对方的用力点，身体重心的位置，摸清对方的虚实，然后，顺势爆发出刚劲将对方抛出或击倒，这就叫借力发劲。当使用化劲的时候，柔若无骨，对方像是打到棉花上，摸不清虚实，找不到打击的重心在什么地方，这就是《太极拳论》中所说的“人不知我，我独知人”。在使用发劲的时候，瞅准对方的重心，借对方的力，突然爆发用力，在一刹那间将敌手腾空抛出。太极拳就是这样利用虚实的变化，来迷惑对手，调动对手，最后打败对手。与太极高手较量时，就像按在一个又圆又滑不断转动的大球上，总觉得打不中对方。用的劲越大，身体失去平衡就越快，摔得越重。太极拳家们形象地将这种高超的技击方式描述为“任他巨力来打我，牵动四两拨千斤”（王宗岳《打手歌》）。太极拳不仅有良好的医疗保健作用，而且有相当强的技击性，有多种多样的击敌之法，如“提打、按打、击打、冲打、膊打、肘打、胯打、腿打、头打、手打、高打、低打、顺打、横打、进步打、退步打、截气打、借气打，以及上下百般打法”（《太极拳谱》卷十一，见于《陈谱：明代陈王廷拳经总歌》）。

像太极拳这样成熟的高级拳种不是哪一个人或几个人苦思冥想就可以造出来的，应该说它是许多人智慧的结晶。如，在戚继光从民间十六家拳法素材中总结出的拳经三十二式中，太极拳就采用了二十九式，许多动作从形式到名称都完全相同或基本相同。

太极拳是怎样流传的，人们有不同的说法。但是，陈王廷在太极拳发展中起的重要作用是大家公认的。在现在流传的各种流派的太极拳中，陈式太极的历史最为悠久。其他各派或者是直接由陈式太极演化而来，或者间接地受陈式太极的影响。如杨式太极是河北永年人杨露禅（1799—1872 年）在陈家沟学得陈式太极后，经过自己的反复钻研，在陈式太极基础上进行改造形成的。吴式和武式又是在杨式的基础上变化而成。孙式太极是在武式的基础上构建的。赵堡式太极也与陈式有密切的关系。

陈王廷原是明朝的一员战将。明朝灭亡后，解甲归田，到自己的家乡河南温县陈家沟隐居起来。家乡平静安定的田园生活，使他有足够的时间对已有的拳术进行钻研和改造，正像他在一首词里写的：“叹当年，披坚执锐，扫荡群氛，几次颠险。蒙恩赐，罔徒然！到而今，年老残喘，只落得黄庭一卷随身伴。闷来时造拳，忙来时耕田。趁余闲，教下些弟子儿孙，成龙成虎任方便。欠官粮早完，要私债即还。骄谄勿用，忍让为先。人人道我憨，人人道我颠。常洗耳，不弹冠，笑杀那万户诸侯。兢兢业业，不如俺心中常舒泰，名利总不贪。参透机关，识彼邯郸。陶情于鱼水，盘桓乎山川。兴也无干，废也无干！

若得个世境安康，恬淡如常，不忮（zhì）不求，那管他世态炎凉！成也无关，败也无关！不是神仙，谁是神仙？”（《太极拳谱》卷十四附录）

太极拳经过陈王廷的发展，以一个新姿态出现，但是，当时知道太极拳的人还不多。

太极拳的普及与杨露禅有直接关系。杨露禅家境贫寒，年轻时曾以推车卖水和卖土为生。他力气出众，而且特别爱好习武，听到陈式太极拳的名声后，十分羡慕，就来到陈家沟。可是陈家规定太极拳只在陈氏家族中传授，外人是不能学的。杨露禅就在陈氏族人陈德瑚家打工。当时陈家正是陈氏第 14 代孙陈长兴（1771—1853 年）主持家政。陈长兴有极深的太极拳功夫。据说，有一次，他去看戏，人群突然一阵骚乱，一位抱小孩的妇女被撞倒在地，眼见就要被乱脚踩死。在这危急关头，只见陈长兴双臂一伸，稳稳地挡住滚滚人流，像立在地上的一个牌位，纹丝不动。妇女得救了，陈长兴也因此得到“牌位先生”的美称。杨露禅在打工之余，就想法偷看这位“牌位先生”给陈氏子弟教拳，然后背着人偷练，就这样过了两年。一天夜里，陈长兴在回家的路上发现一个小伙子在练拳，一招一式很有章法。仔细一瞧，竟然是陈德瑚家的长工，颇感意外，就叫过杨露禅来问明原委。陈长兴被杨露禅学拳的诚意所感动，打破不授外人的规矩，收杨露禅为徒。此后，杨露禅一学就是 18 年，深得陈氏太极的精髓。

后来，杨露禅离开陈家沟到了北京，凭自己一身精熟的拳艺在瑞王府当了拳师。由于他的技艺超群，前来与他比武格斗的，都败在他的“沾棉拳”“软拳”“化拳”之下。于是，杨露禅的名声大振，人们送他个绰号“杨无敌”。名声传开以后，清朝的王公贵族都前来拜他为师，学习太极拳艺，打太极拳成了一时的风气。为了让这些贵族学生们学起来方便一些，杨露禅对陈氏太极进行了改造，将一些跳跃、刚劲、高难的动作删去，开创了舒展大方、以柔为主、柔中有刚的杨式太极。这一变革使太极拳的应用范围一下子扩大了，不论是体强的还是体弱的，年老的还是年轻的，都可以练习，在太极拳中找到自己的乐趣。

杨露禅的两个儿子杨班侯和杨健侯从小受父亲的指教，也都精通太极拳。杨氏父子在北京传艺，教了许多人。仅杨露禅本人指点的徒弟就有几百人之多。杨露禅去世后，他的弟子武禹襄创出“武氏太极拳”；杨班侯的弟子吴鉴泉创出“吴氏太极拳”。在诸多的太极拳流派中，杨氏太极始终是流传最广、影响最大的，特别是在杨露禅的孙子杨澄甫修订了“杨氏太极大架子”后，太极拳流行得更广了。

四、形意拳

形意拳是一种模仿动物形象的拳术。这种拳不仅要求在外表上惟妙惟肖地模仿动物活动的外形，更重要的是要求模仿动物动作的内意，即模仿动物的内心世界。外形与内意结合，通过练形进而练意，因此叫形意拳。

形意拳是由“心意六合拳”发展而来的。“心意六合拳”又叫“心意拳”或“六合拳”，起这个名字是因为这种拳术的技法是由心产生意，又由意转化为拳；同时，在练习这种拳术时有“内三合”和“外三合”的要求。所谓“内三合”指的是身体内部几种因素的紧密结合，即“心与意合，意与气合，气与力合”；“外三合”指的是肢体各部分在行拳时的协调配合，即“肩与胯合，肘与膝合，手与足合”。

形意拳

像人们曾经伪托达摩创少林拳的说法一样，宋代抗金名将岳飞创心意拳的说法也流传极广。岳飞是名垂青史的民族英雄，武艺高强，战功显赫。但是，没有任何史料表明岳飞曾经创编过心意拳。岳飞创拳说，显然也是想以岳飞的崇高声望来提高心意拳的地位。特别是心意拳创始于明末清初，正是反清复明斗争高涨的时候，把心意拳的创始人说成家喻户晓的民族英雄岳飞就更有深意了。其实这种拳的真正创始人是明末清初的武术家姬龙峰（1602—1680 年）。

姬龙峰，又称姬际可，是山西蒲州（今山西省永济市）人。其精通武艺，特别是他的枪术非常高明。据说姬龙峰喜欢骑马在村中的小路上疾驰，用大枪点刺屋檐下的椽木。每间屋子有 10 根椽木，无一漏过，这就是他的拿手好戏“飞马点椽子”，可见他枪法的快速与准确。因此，人们送给他一个“神枪”的绰号。姬龙峰虽然有这样高超的枪法，很难遇到敌手，但仍然有一个顾虑。他感到如果一个人生活在天下大乱的世道，自然可以随身带着长枪来保护自己的安全。但是在太平之世，要是总扛着一杆长枪或者别的什么兵器出出进进，不但自己感到可笑，人们也会感到奇怪。但是不带兵器，万一遇到不测，用什么来自卫防身呢？想来想去，决定将自己精通的六合枪改为六合拳。形意拳最初的形态“心意六合拳”就是这样产生的。由于心意拳是由枪术改成的，所以技法上仍留有枪术的一些特点。

关于姬龙峰创拳，还有另一种带有浪漫色彩的传说：一天，姬龙峰在终南山中采集药材，忽然看到一只鹰在与熊搏斗，鹰盘熊舞，好一场恶战。姬龙峰看得入了迷，一时间忽然来了灵感，就仿照鹰与熊搏斗的形态，创编出了心意拳。为了增加心意拳的影响力，就假托是在一个山洞里发现了岳飞留下的拳谱。

明朝覆灭后，姬龙峰曾到过少林寺，在少林寺里表演了他创编的这套拳术，得到少林僧人的称赞，于是就在少林寺住了10年，在河南一带传授拳艺。后来，他看到恢复明朝没有什么希望，就又回到自己的家乡。少林武术在明朝已有龙、虎、豹、蛇、鹤五拳，与心意拳有许多相似的地方，因此，心意拳的出现与少林武术有一定的关系。

最初，心意拳的内容比较简单。基本拳法有以刚劲为主的前六势和以柔劲为主的后六势。动作姿势的基本要领为鸡腿、龙身、熊膀、鹰爪、虎抱头、雷声。自姬龙峰后，心意拳流传开来，经过南山郑氏、曹继武、马学礼、李失名、戴龙邦等的发展，在山西、河南等地影响越来越大。

在心意拳后来的传人中，河北深县的李飞羽（约1808—1890年）

做出了重要贡献。李飞羽也叫李洛能，从小就是一个武术迷，但是他练习的不过只是一些徒有花架子的套路，也就是人们常说的“花拳绣腿”，中看不中用。因此，十分想学真正的武功。后来，他听说山西祁县小韩村戴家有祖传的心意拳，人才辈出，特别是已经年近古稀的戴文雄拳术更是精妙，曾被一些商号以重金聘为镖师（高级保镖），在北京、张家口、包头一带不知打倒了多少江湖英雄、绿林好汉，就下定决心要学心意拳。可是，要学拳谈何容易。古代的武术家们一般不随便给别人传授技艺，特别是自己的绝招更是要保密，轻易不肯示人。心意拳是一种战斗力很强的拳术，自然更不能轻易让别人学走了。据说，姬龙峰创编了心意拳后，怕别人偷拳，家里一般不雇长工，只雇短工。这样，几天一换，难以窥视拳法的奥妙。而戴家也有不传拳给外姓人的家规，心意拳大师戴龙邦就只传艺给他的儿子戴文亮、侄子戴文英和戴文雄。为了学拳，李飞羽装扮成一个种菜的到了小韩村，千方百计托人说情。最后，到底是老天不负有心人，感动了戴文雄，破了戴氏心意拳不传外姓人的规矩，在 1845 年收了李飞羽做徒弟。李飞羽高兴极了。人们常说“三十不学艺”，而李飞羽拜师时已经 37 岁，显然早已错过了学艺的最佳时期。但是他学习异常刻苦，整整苦练了 10 年，练出一身过硬功夫。有一次，与李飞羽要好的一个朋友来拜访，这位朋友力气大，有极好的武功。两人高高兴兴地在一起闲谈。来人想开个玩笑，也想乘机试试李飞羽的功力到底如何，就趁李不注意，一把从背后抓住李飞羽，一运气想把他举起来。没想到，李飞羽稳如泰山，丝毫没有动，而他自己的身体却腾空而起（《车君毅斋纪念碑文》）。后来，李飞羽认真地总结了前人的经验，又结合自己多年练拳的切身体会，提出了新的见解，把“心意拳”改名为“形意拳”。从这以后，一种以心意拳为基础，又不同于心意拳的形意拳的技术和理论体系就逐渐出现了。

清代后期，形意拳在山西、河南、河北一带广泛流传，在流传的过程中又逐渐形成了不同风格的各种流派。如山西的拳式紧凑；河南的气势勇猛；河北的舒展稳健。由于师传的不同，各地的套路也有不少区别。

形意拳历代传人中有许多名震武林的高手，如河北的形意拳大师郭云深，对形意拳的拳理、劲力、呼吸和功法都提出了独到的见解，对形意拳的发展和推广起了重要作用。郭云深个头不高，身体非常强壮，从小喜爱武术，后来拜李飞羽为师，苦练了 12 年形意拳，技艺达到炉火纯青的地步。他的崩拳尤其精妙，有“半步崩拳打遍天下”的赫赫名声。他的内功极好，《拳意述真》形容他“形式神气沉重如泰山，而身体动作轻灵如飞鸟”。有一次，他让五名壮汉用木棍顶住自己的肚子，然后，突然运气鼓腹，这五个大汉一下子摔出一丈开外。

后来，郭云深在北京拜会了正在肃亲王府传授武术的八卦掌大师董海川（约 1813—1882 年）。两人都久闻对方的大名，就拳来腿往地较量起来。这两位武术大家不知道曾经同多少武林高手较量过，都从未遇到过敌手。不料，这一次却是棋逢对手，将遇良才。一连三天，杀得难分难解，各自心中都暗暗称奇，互相倾慕。于是，歇手停战，结为兄弟，在一起用了几个月的时间切磋拳理。他们感到形意、八卦虽然名字不同，但拳理是一样的，这两种拳术应该互相取长补短，相辅相成。于是，当下决定将形意、八卦合为一门，学形意拳的也用八卦掌调剂，这样可以避免过刚过激；而学八卦掌的也学形意拳，这样可以更好地做到刚柔相济。①

经过古代武术家们多代人的努力，形意拳终于发展成为中国武术中非常成熟的重要拳种。1918 年 9 月，俄国大力士康泰尔在北京中山公园举办万国赛武大会，听说中国精通形意拳和八卦掌的韩慕侠要与他比武，竟然在比赛前“潜藏不知去向”。也有人说康泰尔事先曾与韩慕侠在六国饭店较量过，被打得惨败，因此，不敢登场。清代末年的形意拳大师车永宏（1833—1914 年）曾师从李飞羽，苦练 20 年，练就了一身高妙的形意功夫。他在晚年曾与日本驻天津军事教官在擂台上比武，以慢制快，将日本教官打败。日本教官对他高超的武技十分佩服，要拜他为师，被车永宏婉言谢绝。一些人不解其故，他说：“我怎么可以将自己国家的绝技传给外人哪！”（《太谷县志·方技传冈》）

形意拳兼有内家拳和外家拳的特点，既讲究刚柔相济，虚实变化，又有直取快攻、先发制人的凌厉，正如拳谚中说的“起如风，落如箭，打倒还嫌慢”。

形意拳以三体式为基本桩法。三体式是按照形意拳的动作要领设计的一种站桩姿势，形意拳的各种动作都是以这个基本姿态为出发点的，有“万法出于三体式”一说。②

形意拳最基本的拳法是劈、崩、钻、炮、横拳，称为“五行拳”。由于其他各势拳法多是由这五拳变化而来，因此，五行拳又叫作“形

① 姜容樵．形意母拳［M］．北京：中国书店出版社，1984：17—18.

② 三体式的基本要求是：前脚脚尖向前，后脚脚尖外展 45 度；两脚前后开立，全脚掌着地，两腿微屈，大腿斜向下，两膝微内扣，两脚间距约一小腿长，重心偏于后腿。

意母拳”。五行拳的名字是根据中国古代哲学中的五行学说起的。五行学说认为自然界的一切都是由金、木、水、火、土五种元素组成的。这五种元素有互相促进的关系，如金生水，水生木，木生火，火生土，土生金，叫作五行相生；也有互相制约的关系，如金克木，木克土，土克水，水克火，火克金，这叫五行相克。形意拳的理论就是用这种五行相生相克的关系，来说明五拳之间的互相转化和互相制约：劈拳似斧属于金，崩拳似箭属于木，钻拳似电属于水，炮拳似炮属于火，横拳似弹属于土。于是，劈拳变钻拳，钻拳变崩拳就比较顺，因为“金生水”“水生木”；同样，用劈拳破崩拳，横拳破钻拳较为宜，因为“金克木”“土克水”。这种五行学说也把五行拳与健身具体地联系起来，例如，按照五行的观点来解释人的内脏器官，那么肺属金，肝属木，肾属水，心属火，脾属土。于是，练劈拳可以养肺，练崩拳可以舒肝，练钻拳可以补肾，练炮拳可以保心，练横拳可以利脾。五行拳的演练路线以直进为主，步法稳扎坚实。

形意拳还有模仿龙、虎、猴、马、鼍（tuó）、鸡、鹞、燕、蛇、鸽、鹰、熊等12种动物的“十二形拳”。十二形拳活泼、有趣、生动、实用，具有鲜明的攻防意义。每一形都有自己的含义，如龙形练身法矫健；虎形练攻击的勇猛；猴形练身体的伸缩、跳跃；马形练脚下的迅疾；等等。

形意拳还有各种武术器械的操练套路。

五、八卦掌

八卦掌还有其他许多名字，如“转掌”“游身八卦掌”“阴阳八卦拳”“八卦连环掌”等。

八卦掌，顾名思义，与中国古代哲学中的八卦学说有直接关系。所谓八卦，就是用两种符号，阳爻（—）和阴爻（--）组成的八种基本图形，每个图形有一定的方位，分别叫作乾、坤、震、巽（xùn）、坎、离、艮（gèn）、兑。这八种图形互相之间有一定的对应关系和变化规律。八卦掌就是按照将八卦的这些基本图形与阴阳鱼结合在一起的八卦图来进行演练的。图中的八个方位，就像八个不同的战场，中间的阴阳鱼用它弯曲流畅的弧线把它们串通起来，连为一气。

八卦图

八卦掌最突出的特点就是不断地在弧线上走圈，左旋右转，右旋左转，没有片刻停息。这种不停地走圈用八卦掌的术语来讲，叫作“行桩”。这也是八卦掌的基本功，正如清代八卦掌大师董海川说的“百练以走为先”“百练不如一走”。千万不要小看了这种似乎是在不断重复的走圈，它可不是没有目标地瞎走，走到四正四隅这八个不同的卦位上都有相应的进攻和防守的掌法，都有明确的战术目的。在走转过程中不断地变化各种掌法，就是人们常说的“手随步开”。每掌都有左右对称的掌法，由一掌可以变化出八掌，进而变化出六十四掌。这样，在循环往返、周而复始的走转换掌中，避开对手的锋芒，一旦发现对手的破绽，就疾如闪电，出其不意，攻其不备，打出的掌常令人防不胜防，就像人们说的“圈中圈处处有变，掌中掌变化万端”。这种在不停地走圈变掌中，克敌制胜的打法实在有点儿打运动战的味道：沿着阴阳鱼形流畅的弧线，在八个阵地之间不停地转移，捕捉最好的战机。

八卦掌

八卦掌技击以掌为主，基本手型是龙爪掌和牛舌掌。主要的击法有推、托、带、领、搬、拦、截、扣、捉、拿、勾、打、封、闭、穿、点等。掌法有仰、俯、竖、抱、劈、撩、挑、螺旋掌等。八卦掌动作灵活、迅捷，“起如风，落如箭，追风赶月还嫌慢”。技法中每一种掌法都有四种击法和闪击法。与对方交手时，按照对方的动静变换击法。一掌发出，如对方没有准备，就以实掌搬、拦、截、扣进行打击；如果发现对方已有准备，就迅速变为虚掌以推、托、带、领将对方的劲力化走。因此，战术灵活多变。

八卦掌究竟是什么时候出现的？是怎样产生的？有种种不同的说法。有人说是与明朝的八卦教有关系。比较确切的资料表明，经过了八卦掌的一代宗师董海川的传授，从清朝后期开始，八卦掌迅速普及开来。

董海川是河北文安人，自幼喜爱武术，学得一手少林罗汉拳，技艺高明。他长得身材高大，膂力过人。董海川的弟子在他的墓志碑铭中是这样描写他的为人的：“少任豪侠，不治生产，法郭解之为，济困扶危，不遗余力。性好田猎，日骋于茂林之间，群兽为之辟易。及长，遍游四方，所过吴越巴蜀，举凡名山大川，无不历险搜奇，以壮其襟怀。”他为人十分豪爽，富有正义感，“嫉恶如仇，时露英气”，喜欢游历名山大川。据说，一日，董海川去安徽的九华山探望朋友，不料，在山中迷了路，遇到一个名叫毕澄霞的道士。毕澄霞是个奇人，有一身的好武艺，懂拳术，会击剑，气功、导引的本事也非常精妙，特别是他的穿掌术非常高明，是董海川从来没有见过，甚至没有听说过的。董海川大喜过望，便拜道士为师，学习穿掌术。几年苦练之后，学成出山，走遍江湖已无敌手。当然，这只是一个传说。也有人认为八卦掌就是董海川自己创编的。他把道教的内功修炼术与武术的攻防招法结合起来编出了八卦掌。八卦掌出现得比较晚，但是很快就成为一个相当成熟的拳种。有明确的理论，技击手段颇具威力，并与内功修炼非常巧妙地结合在一起，因此，把它的出现仅仅归功于某一个人，可能不太合适。即使是董海川创编的，他创拳所用的这些素材，也是在长期的古代社会中逐渐积累起来的，其中浸透了无数无名英雄的汗水。但是，不论怎么说，董海川在八卦掌发展史中有着举足轻重的地位。他把八卦掌的技艺发展到了炉火纯青的程度。在他的墓志铭中记载了不少关于他的神奇武功的故事，比如有一次，董海川在塞外游历，遇到一伙歹徒拿着刀枪棍棒围攻他，只见董海川用他变化莫测的八卦掌四面迎敌，步移掌变，迅捷得像一阵旋风，把大家都看呆了。还有一次，一个剑戟专家找上门来与董海川比武，面对对手寒光闪闪的兵器，董海川泰然自若，只凭自己的赤手空拳，绕圈走转，以动制静，避正打斜。最后足踏对方的脚，夺过对手的器械，高超技艺使对手心悦诚服。“及至弥留之际，从者启其手足，诚如铁汉。”

董海川不仅是一个武术家，也是一个武术教育家，为传播八卦掌做出了重要贡献。清同治四年（1865 年），他到了北京，凭着自己高超的拳技在清朝肃亲王府当了总教师，开始招收徒弟，传授武技。同治十三年（1874 年），他告老离开了肃亲王府，用自己的余生专门指点徒弟们练拳，培养出许多技艺精湛的八卦掌武术家，于是八卦掌的影响越来越大。董海川在教学上也很有一套办法。他在传授八卦掌时，不是不加区别，采用一种统一的模式，而是十分注意按照每个徒弟的身体条件，区别对待，因材施教，所以，他的弟子们的功架套路往往各有不同。后来，这些弟子们把八卦掌带到各地去，就形成了尹、程、刘、梁、樊等多种流派。当然，这些流派虽然功架动作各异，基本的拳理则是相同的。

董海川还很善于吸取别的武术流派的精华。上面已经提到过他和形意拳的一段关系。他和太极拳也有一段类似的故事，据说他曾经和著名的杨式太极拳的创始人杨露禅比过武。这两人都是功夫极精的武林高手，都是靠一身多年练就的过硬本领打出来的，因此，这次八卦泰斗与太极宗师的比武较量十分引人注目。于是，各自都拿出了看家的招法，一个足踏八卦，矫若游龙，身移掌变，招招凶狠；一个抽丝圆转，引进落空，乘势借力，绵里藏针，拳来掌去，斗了三天，不分胜负，打成平局。于是互相敬佩，成为好朋友。善于学习钻研的董海川后来将八卦掌和太极拳熔于一炉，又编出了八卦太极拳。

八卦掌不仅有拳术，而且也有操器械的练法，如八卦刀（又叫八盘刀）、八卦棍等。

六、南拳

南拳是流行在长江流域和长江以南地区各种拳术流派的统称。明代的《小知录》中记载的11个拳种中就有“南拳”，这样算来，南拳已有400多年的历史了。

南方山高谷深，河流沟渠纵横交错，交通不便，各个地区的拳术逐渐发展成许许多多的流派。广东有洪、刘、蔡、李、莫五大家；福建有咏春、五祖两大派；湖南有巫、薛、洪、岳四大家；湖北分为洪、鱼、孔、风、水、火、字、熊八门；四川有僧、赵、杜、洪、化、字、会、岳八门；江西有字、硬两门；浙江有洪家、黑虎、金刚三大拳系，另外还有温州南拳、台州南拳和江苏南拳等。

南拳

由于南方各地的自然环境有很多相同之处，而且，南方人的身体形态也有许多共同的特点，如身材一般比较短小精悍、动作灵巧机敏、肌肉的爆发力好等，因此，这些流行于南方的各个拳种尽管各具特色，它们的基本特点是比较一致的，与北方的武术风格形成鲜明的对照。北方人身材高大，比较注重用腿，有“手是两扇门，全凭腿打人”的说法。因此，在北方的拳术中有许多腾空跳跃的动作。而南拳很少用腿，武术家的注意力主要放在拳法和手法上，所以，人们常用“南拳北腿”来表示南、北武术风格的区别。

南拳的腿法较少，身体活动范围较小，但是手法严密细腻，动作紧凑。南拳非常强调步法的稳固，上肢不论如何运动，下肢一定要稳，要求五趾抓地，像根部深深扎进地里的大树一样稳固。由于下盘“稳如铁塔坐如山”，这就给上肢猛烈的动作提供了一个坚实的基础，所以，南拳的拳法、手法刚劲有力。

南拳在身法上讲究脱肩团胛，直项圆胸。就是两肩有意识地向下沉，肩胛骨向前微合，下巴颏儿向里收使脖子挺直，胸部微含。这样可以使胸、背、肩、肘的劲力合在一起。有了这样的身体姿势，再加上沉气实腹，就是有意识地气沉丹田，使腹肌也紧缩，于是，全身上下的劲力自然地凝结在一起。这样，在技击时，以腰为发力的枢纽，把全身的劲力有序地从稳稳地扎在地上的腿部，通过腰部动作的传递转移到手臂。通过各种细腻的手法，打出的拳劲力变化多端，如寸劲、长劲、飘打劲、连绵劲、爆发劲等。南拳在站位时常常是身居中央，以便八方进退。在演练南拳时，习武者还通过运气鼓劲，使肌肉隆起，时张时弛。同时，以发声吐气而增强发力，呼喝出的声音按拳式变化分为“嘻”“喝”“哔”“呐”“咿”“嗌”六种，十分雄壮，咄咄逼人，形成一股压倒对手的强大声势。

七、翻子拳

在明代戚继光的《纪效新书·拳经捷要篇》中提到了“八闪翻”这样一个拳种，这就是人们今天所说的翻子拳。翻子拳又叫“翻子”或“翻拳”，是属于短打类的优秀拳种。

翻子拳

翻子拳在明代已是很有影响的一个拳种。它是怎样产生和发展起来的，还不十分清楚。翻子拳的流传与少林武术有一定的关系，据说明代少林僧人把这种拳传给了河北高阳（一说饶阳）的段老绪。当时正是兵荒马乱的年月，为了防身自卫、保护家园，段老绪一家认真练习，并把翻子拳世世代代传了下去。他们刻苦练习掌握的武功在日后果然派上了用场。有一次段家所在的村子遭到抢劫，段家的武术高手们靠着一身多年练就的翻子拳，打败了群敌。这一下，翻子拳远近闻名，在冀中地区流行开来。

最初的翻子拳只有“站桩翻”一个套路。以后又发展出翠八翻、健宗翻、一字翻、掳手翻、轻手翻、八闪十二翻、八手翻、六手翻等。翻子拳被称为八闪翻是因为这种拳术的主要技击方法有八手母拳，也叫“八母”，这就是站桩翻拳歌诀所说的“出手打鼻梁，缩手奔胸膛，卸身迎门肘，挑袍双上手，往上打，双掴手，铁幡杆，顺手搂”。进而从这八种基本手法中演化出令人眼花缭乱的众多变化。“闪”既是说翻子拳的拳式迅急如闪电，又是指拳式闪摆不定，令人难以提防。“翻”是指这种拳上肢的翻转动作特别多，打上翻下，虚下转上，指左打右，翻生不息。

翻子拳短小精悍，打起来如风驰电掣，就像拳谚中说的“双拳密如雨，脆快一挂鞭”，意思是说拳法又紧又快，打起来像雨点一样密集，像放鞭炮一样，势如破竹，拳拳相连，迅猛而又轻灵。也有人这样形容翻子拳的特点：“拳不空发，手不空回，一法多用，多法合用，往返连环，步疾手密，连珠炮动。”翻子拳在技击时主要是侧进斜击，脚不过膝，实战性强，动作朴实无华。在长达数百年的流传过程中，翻子拳也逐渐形成了各种不同的流派。

八、戳脚

《水浒传》在武松醉打蒋门神里有这样一段精彩的描写：“武松先把两个拳头去蒋门神脸上虚影一影，忽地转身便走。蒋门神大怒，抢将来，被武松一飞脚踢起，踢中蒋门神小腹上，双手按了，便蹲下去。武松一踅（xué），踅将过来，那只右脚早踢起，直飞在蒋门神额角上，踢着正中，望后便倒。武松追入一步，踏住胸脯……”（《水浒传》二十八回）。武松使用的这种打法正是戳脚中的招法，叫作“玉环步，鸳鸯脚”。

在中国古代武术的技击格斗中，武术家们一般都比较忌讳用腿出击。因为腿不仅支撑着全身的重量，还要根据格斗的变化，完成蹿蹦跳跃、闪展腾挪的重要任务。所以，武术家们出腿都非常谨慎，有“动腿三分虚”的说法。但是戳脚一反这种习惯的看法，充分发挥腿的威力，在技击中主要靠腿和脚打人，而手臂主要起辅助作用，正如人们常形容这种拳术“手是两扇门，全凭脚打人”。这种独特的技击方式是有道理的，因为，腿不仅比手臂长，力量大，而且有较好的隐蔽性，在格斗时人们往往注意上肢动作，而忽视下肢，用腿攻有出奇兵的效果。戳脚就是在这种战术思想指导下发展出来的一个优秀的北派拳种。

戳脚出现在宋代，盛行于明清。主要的腿法有提、圈、掀、点、插、摆、踢、蹬八法，这些基本腿法又可以组成大约 81 个腿部动作。戳脚击法一般是先以手臂动作迷惑对手，吸引对手的注意力，随即腿起脚发，攻其不备，左勾右挂，明圈暗点，前踢后打。戳脚有文趟子和武趟子两种类型。武趟子刚健有力，放长击远，有九路腿法，每一路都是一步一脚，连环发出，左右互换，互相对称，所以也叫“九转连环鸳鸯脚”；文趟子由武趟子演变而成，动作小巧，柔中带刚。

当年太平军北伐时，在李开芳的部队中有一个精通戳脚的武术家，名叫赵老灿。当这支孤军深入的北伐部队失败后，赵老灿就隐姓埋名在河北一带的民间传授戳脚的拳术，使戳脚在华北地区流传开来。

九、象形拳

象形拳包括两大类：一类是模仿动物与武术技击相结合的仿生拳术，如猴拳、蛇拳、鹰爪拳、螳螂拳等；另一类是模仿醉汉在步履踉跄、东倒西歪的醉态中完成各种武术技击动作的醉拳类，如醉拳、醉剑、醉棍等。

生活在大自然中的动物，不论是小小的昆虫，还是老虎、狮子、大象这样的庞然大物，为了维持自己的生存，都在顽强地与各种不利条件进行着搏斗，适应不了环境的被淘汰了，能适应的留了下来。在漫长的生物进化过程中，各种动物都逐渐掌握了一套在严酷的环境中生存下去的独特本领。它们要获得食物，就得会打猎，会进攻。它们要不被别的动物吃掉，就得会躲避，会防守。谁也说不清大千世界中到底有多少种动物。它们有的强壮有力，有的弱小胆虚，有的个头大，有的个头小，有的会飞，有的会水。形形色色的动物用来进攻和防守的方式真是五花八门，应有尽有。老虎、狮子、豹子在攻击时，动作快如闪电，强攻直取，用尖齿利爪直袭猎物的要害，就像武术动作中的“恶虎掏心”；而蛇在进攻时，却走着蜿蜒曲折的路线，巧妙地借保护色静悄悄地接近猎物。在猎物毫无防备的状态中，在极近的距离内，倏然一击，便结果了猎物的性命。动物在防守时也各有自己的看家本领，如刺猬、乌龟，在危急时，身一团，头一缩，一身是刺，遍体是甲，谁对它们也没有办法；而鹿、羚羊，则依靠自己敏捷灵活的步法，逃离险地。动物世界中攻防格斗的千种形式、万种变化，不断激发着中国古代武术家们的灵感，为他们创编武术动作提供了取之不尽的素材。模仿动物实际上是中国古代武术，也是中国古代体育中普遍存在的一种现象，几乎所有的武术门类和流派都或多或少有模仿动物的内容。象形拳不过是更加集中、更加充分地把动物的动作与武术结合在一起了。

象形拳不仅有完整的、符合武术攻防要求的套路，而且在模仿动物和醉汉的醉态方面，形象生动，惟妙惟肖，巧妙地把这些本来与武术毫无关系的动作与武术结合在一起，充分表现出中国古代劳动人民神奇的想象力。武术仿生不是单纯地模仿动物的动作外形，而是通过仿形，进而模仿动物的神态，体会生活在大自然中无拘无束的动物的意境，达到陶冶性情、丰富感情的目的，将防身、健身、养性、怡情融为一体。这是古代武术向娱乐方向发展的一个丰硕成果，也可以说是一种艺术的创造。

象形拳的动作难度很高，不仅要求良好的身体素质和高超的技术水平，而且要求有丰富的想象力。这样才能做到不仅外表相似，而且神似，这就是象形拳所追求的“象形取意”。中国古代武术中象形拳有很多，仿生类的象形拳还有蛇拳、鹰爪拳、螃蟹拳、狗拳、鸭形拳、狮形拳等。下面只介绍三种。

（一）猴拳

猴是人们所熟悉、所喜爱，也是与人类有亲缘关系的动物。它活泼好动，聪明伶俐，动作灵巧多变，争斗时的手法迅猛得令人惊奇。人们在很久以前就在模仿猴子了，在长沙马王堆出土的西汉“导引图”中就有模仿猴子的健身方法，叫作“沐猴灌”。

但是，关于猴拳的文字记载却要晚得多，首次出现是在明朝戚继光的《纪效新书》中。戚继光在书中记录的，都是当时一些比较成熟的拳术，由此可知猴拳的出现应该早于戚继光的时代。明代郑若曾的

《江南经略》中也有“猴拳三十六路”的记载，可见猴拳在明代已成为比较普及的拳种。在著名的少林武术中，也有猴拳。明代王士性在游嵩山时曾亲眼看到少林武僧精彩的猴拳表演，他形容演练的僧人“盘旋蹲跃，宛然一猴也”（《嵩游记》）。

古代猴拳的套路动作包括猴子生活的基本内容，如白猿出洞、猿猴窥望、白猿蹬枝、白猿蹲坐、白猿摘桃、白猿跳跃、白猿献果、白猿刁棒、惊猴逃窜、白猿吊藤、白猿躲闪、白猿入洞等。猴拳模仿猴子的外形：耸肩、缩颈、圆背、束身、弯肘、垂腕、屈膝，一副猴头猴脑、招人撩人的样子。但是就在这种坐没坐相、站没站相、抓耳挠腮、没有片刻安稳的“猴相”中，暗藏着一系列的武术手法，如：抓、格、甩、采、切、刁、拿、扣、顶；腿法，如：缠、蹬、踹、点、弹和相应的身法。

猴拳

猴拳的基本特点是脆快有力，刚柔相间，轻灵敏捷，避重侧进，身、手、步同时快速并进，拳法密集。打猴拳一般不主动攻击，多利用身灵步捷的躲闪，避免与对方正面交锋。在躲闪中寻找机会，给对手以突然的连续打击。

（二）螳螂拳

螳螂是一种食肉性的昆虫，行动缓慢，它的两只巨大的前足生有锐利的锯齿，像两把大刀，随时高举在胸前，一旦遇到可以捕食的猎物，如苍蝇、蛾子、蝴蝶、蚱蜢等，就以出人意料的快速而准确的动作，用两只有力的前足，闪电般地进行钳击。这时，任何灵巧的昆虫都只有束手待毙，绝没有生还的希望。螳螂很善于隐蔽，而且很有耐心，在接近或等待猎物时很难被发现。

螳螂的搏击方法给古代武术家们很大的启发，创编出了螳螂拳。螳螂拳有南、北两派。南派螳螂拳是清朝由广东的周亚南创编的，拳法在风格上与南拳相近。

北派螳螂拳是明末清初山东即墨人王朗创编的。据说，王朗从小就喜欢练武，曾经在少林寺学习武艺多年。少林寺因反清复明被焚烧后，王朗就离开了少林寺，回到山东老家。善于观察的王朗，有一天看到一只螳螂与一只个头很大的蝉搏斗，就饶有兴味地在一旁静静地观战，只见螳螂打得有章有法，两把“大刀”运用自如，刚柔相济，进退有序。王朗看着看着，心里突然一动，思忖道：“这螳螂的搏斗方法不是与武术的格斗技术很相似吗？”就逮了许多螳螂回家，细细地观察，慢慢地琢磨，逐渐总结出了黏、粘、崩、搂、闪、勾、挂、刁、采、封、劈等多种技法。最后，王朗把少林拳法与螳螂的搏斗术结合在一起，手法上采用螳螂前臂的动作，步法上吸取猴子的移动法，称为“猿猴步”，前后三年，终于创编出“北派螳螂拳”。

螳螂拳

这种螳螂拳在北方流传很广。在流传中，又逐渐演变出其他种种流派，如劲力刚健的七星螳螂（也叫罗汉螳螂），以柔为主的六合螳螂（也叫马猴螳螂），刚柔兼顾的梅花螳螂（也叫太极螳螂）。后来，又有通臂螳螂、摔手螳螂、光板螳螂、八步螳螂等。螳螂拳的共同特点是，动作严谨，敏捷有力，长短并用，有很强的攻击性。发力时身体、手臂有晃动、颠动的动作，又快又猛，但有时也用柔劲，刚中有柔，柔中有刚。

（三）醉拳

在《水浒传》对宋代梁山好汉的描写中，我们常可以看到，不少梁山英雄借醉态施展浑身武艺，拳落惊风雨，腿起泣鬼神。如快活林武松醉打蒋门神、孔家庄武松醉打孔亮、鲁智深醉打山门等，都是脍炙人口的故事。

醉拳，又叫“醉酒拳”“醉八仙”，曾借鉴古代的“醉舞”（《今壁事类》卷十二），在明朝末年已流传很广了。这种拳术主要是模仿醉汉前俯后仰，东倒西歪，在形醉心明的状态中，佯作醉态，时而自斟自饮，时而颠扑翻滚，在半倾半斜、似倒非倒中，顺势完成各种武术的技击动作，如刁搂点扣、踢弹勾挂、挨傍挤靠、闪展腾挪。人们这样形容它“头如波浪，手似流星，身如杨柳，脚似醉汉”。

醉拳

醉拳将拳法、摔法和醉态融为一体，在格斗中有较好的隐蔽性，可以麻痹对手，使之放松警惕，然后出其不意，攻其不备。醉拳的动作难度很大，只有练到全身上下“无一处惧打，亦无一处不打人”的程度，才能充分体现出醉拳的特点，做到步碎身活，心动形随，指东打西，避实击虚。但是，要达到这种程度很不容易，不仅要求有良好的柔韧性和灵活性，而且要有较好的武术功底。一首《醉八仙歌》将这一独特拳种描绘得活灵活现：“醉者，醉也，号八仙。头颈儿，曾触北周巅，两肩谁敢与周旋。臂膊儿，铁样坚；手肘儿，如雷电。拳似抵柱，掌为风烟。膝儿起，将人掀；脚儿勾，将人损。披削爪掌，肩头当先。身范儿，如狂如颠；步趋儿，东扯西牵，好叫人难留恋。八洞仙迹，打成个锦冠顾天。”（《拳经拳法备要》）

模仿醉态的武术不仅有这种单人赤手空拳练习的醉拳，还有潇洒挺拔的醉剑、气势豪放的醉棍、刚劲有力的醉刀、神出鬼没的醉枪和使用拳术对打的“醉汉戏猴”，人们将这些武术称为“六醉”。

十、十八般武艺

器械武术是古代武术中重要的组成部分，武术器械的种类繁多，人们常用十八般武艺，或十八般兵器作为器械武术的统称。

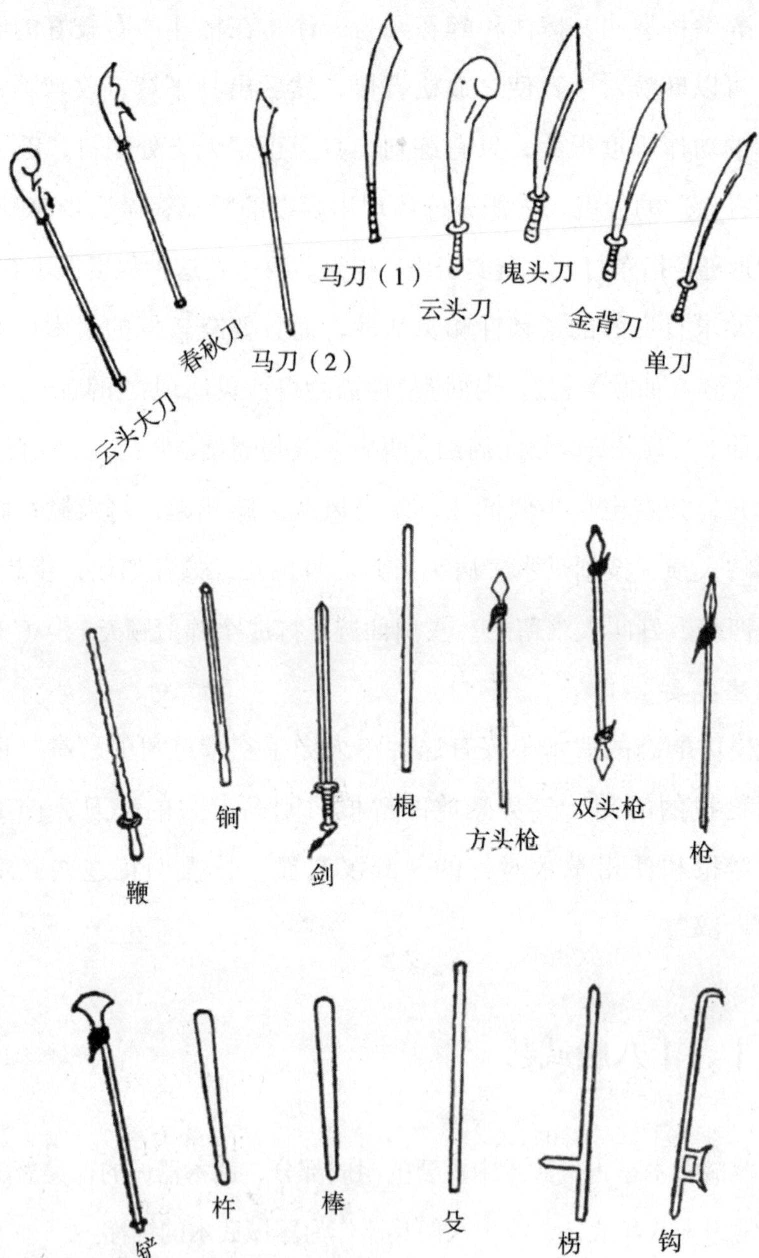

部分古代武术器械（1）

根据吴文忠：《中华体育文化史图选集》，第 56 页

十八般武艺的说法最早出现在元代的一些戏曲中，如元人杨梓写的杂剧《敬德不服老》中就有尉迟恭“十八般武艺都学就”的唱词；再如“每日则是刺枪弄棒，习演弓箭，十八般武艺无有不拈，无有不晓”（张国宾《薛仁贵荣归故里杂剧》楔子，见于《元曲选》）。又如“教的他十八般武艺，无有不拈，无有不会，这孩儿弓马到强似我”（纪君祥《赵氏孤儿大报仇杂剧》，见于《元曲选》）。但是，元曲提到的十八般武艺的武术器械实际只有十二种：“若论着十八般武艺，弓弩枪牌，戈矛剑戟，鞭链挝槌，将龙韬虎略温习。”（无名氏《逞风流王焕石花亭杂剧》第三折，见于《元曲选》）到了明代，十八般武艺的具体内容已比较明确，但是，十八般武艺究竟包括哪些兵器，人们并没有一致的看法，如《水浒传》第二回在讲史进一一学得精熟的十八般武艺是：矛、锤、弓、弩、铳、鞭、锏、剑、链、挝、斧、钺、戈、戟、牌、棒、枪、杈。表二列举了自元朝末年以来关于十八般武艺的一些不同记载。

表二　十八般武艺

时代	十八般武艺内容	备注
元末明初	矛、锤、弓、弩、铳、鞭、锏、剑、链、挝、斧、钺、戈、戟、牌、棒、枪、杈	施耐庵《水浒传》第二回
明末（万历年间）	弓、弩、枪、刀、剑、矛、盾、斧、钺、戟、鞭、锏、槁、殳、叉、把头、绵绳套索、白打	谢肇淛《五杂俎》卷五

续表

时代	十八般武艺内容	备注
清代以后	刀、枪、剑、戟、镋、棍、叉、耙、斧、镰、钩、拐、鞭、锏、捶、抓、弓箭、藤牌	民间传说 1
	刀、枪、剑、戟、镋、棍、叉、耙、鞭、锏、锤、斧、钩、镰、扒、拐、弓箭、藤牌	民间传说 2
	刀、枪、剑、戟、镋、棍、叉、耙、鞭、锏、锤、斧、钩、镰、扒、伐、抉、弓矢	民间传说 3
	枪、戟、棍、钺、叉、镋、钩、槊、环、刀、剑、拐、斧、鞭、锏、锤、棒、杵（素称九长九短）	民间传说 4
	刀、枪、剑、戟、斧、钺、钩、叉、鞭、锏、锤、抓、镋、棍、槊、棒、拐、流星锤	戏曲界传说

引自吕光明：《武术小辞典》，第 222 页。

十八般武艺的说法在这一时期出现并开始流行不是偶然的。中国古代冷兵器到明代可以说是发展到了它所能达到的顶点。所谓十八般武艺，实际上是数千年来冷兵器的一次大展览、大总结，标志着冷兵器时代的结束和火器时代的开始。十八般武艺反映了中国古代战争的复杂性，正是中国古代战争的复杂性才使中国有了这样门类齐全、品

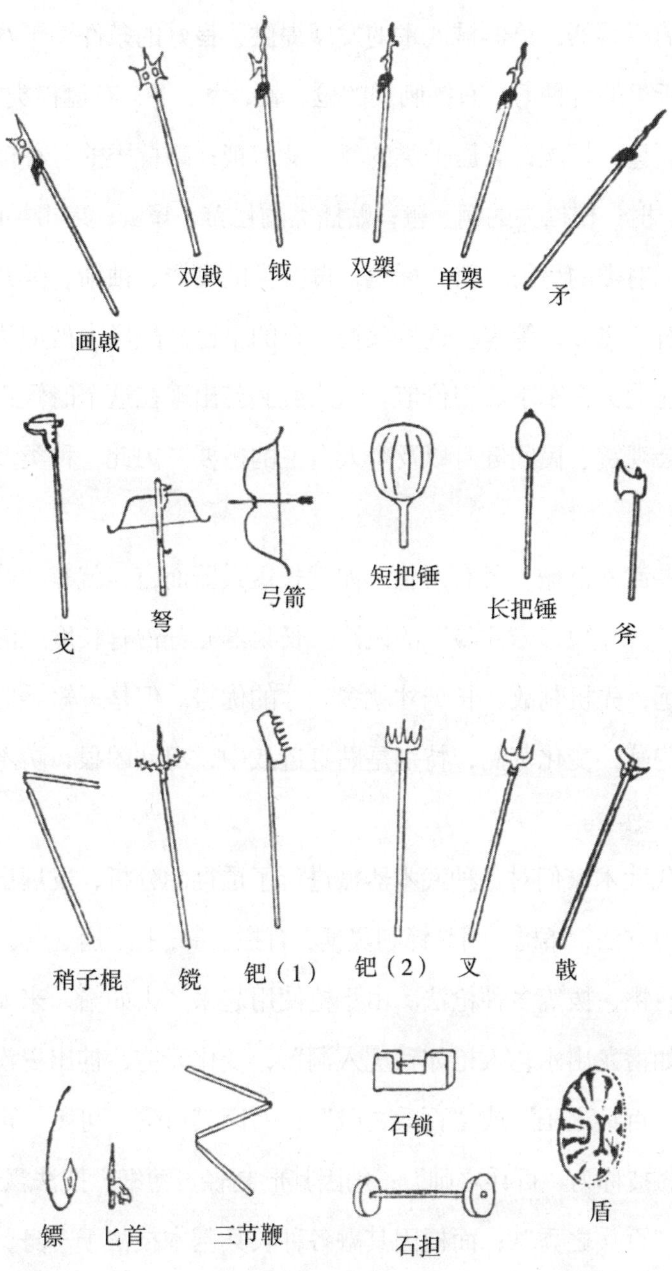

部分古代武术器械（2）

根据吴文忠：《中华体育文化史图选集》，第 57 页

种繁多的冷兵器，给器械武术的发展提供了良好的条件。十八般武艺中有砍斫类的各种刀；有挑刺类的枪、戟、戈、矛；有遮挡类的藤牌、盾牌、面具、护腕；有压劈类的斧、殳、耙；敲枕类的各种锤；勾锻类的钩、挝；校拦类的锏、鞭；贴插类的匕首、短剑；追击类的流星、铁链；标射类的弓箭、弩、标枪；掷打类的飞镖、袖箭、弹丸；抛索类的掷石、飞砂；等等。这些兵器，有的早已从战场上被淘汰，有的正在迅速地失去军事实用价值。十八般武艺出现在这个时候正是为了满足社会观赏、民间健身以及个人自卫的需要。因此，种类多，趣味性强。

这些武术器械，各有所长。如就长短兵器而言，就有“一寸长，一寸强。一寸短，一寸险”的说法。长兵器充分占有长度上的优势，击长打远，先机制敌，长一寸就多一寸的优势。但是，短兵器使用起来灵活隐蔽，变化莫测，特别是贴身近战中，刁钻凶狠，防不胜防，常陷敌于绝境。

古代武术家们对各种武术器械进行了透彻的分析，发展出门类众多的使用方法，如枪，因其锋利灵便，有拦、拿、扎、崩、点、穿、截、劈、圈、挑、拨等多种枪法。由于枪使用起来“去如箭，来如线”，“出枪如潜龙出水，入枪如猛虎入洞”，变化无穷，神出鬼没，因此被称为“百兵之王”或“百兵之贼”；刀因其可劈、可刺、可砍，势如猛虎，被称为“百兵之帅”；剑因其形制轻灵薄细，技法飘逸潇洒，被称为“百兵之秀”；而棍因其融各种长兵基本技法于一身，适用性广，而被称为“百兵之首”。

第四章 古代武术的习练

一、武术功法

中国古代的武术家们对武术技艺有着极严格的标准。春秋时期楚国著名的神射手养由基有一次在几千名观众面前表演射箭，百发百中，观众们禁不住齐声叫好。养由基颇为得意，不料有一个人却冷冷地说："射得不错，可以学习射术了。"养由基听后十分恼怒，但此人确实十分内行地指出，养由基在连续射箭时不善于放松，如果这样射下去，很快就会因气力衰竭而弓斜矢偏，而只要一发不中，就会前功尽弃（《史记·周本纪》）。养由基有百步穿杨的惊人箭法，仍有人说他不过是可以培养的可造之才，这个故事说明古代的武术家们对武术认真严肃，精益求精，几乎到了苛求的程度，就像荀子说的"百发失一，不足谓善射"（《荀子·劝学》）。三国时魏文帝曹丕的射术也有相当的功底，有左右开弓的本领。他认为在箭靶固定的习射场上做到箭不虚发，还不能算是技艺高超，只有在草木茂盛的旷野，

纵骑驰骋，下击狡兽，上射飞禽，弓不虚弯，所中洞穿，达到这样的程度，才算得上行家里手。（《典论·自叙》）

武术家们为了使自己的武技达到炉火纯青之境，无不经年累月，以十年、二十年，甚至一生的时间苦练不辍，即使在饮食不济、饥肠辘辘时，也不敢稍有懈怠，如春秋时孔子的高足子路在随孔子外出时，有一次被困在陈蔡之间，七天吃不上饭，仍然操着盾牌坚持习武（《庄子·让王》）。一提起练武，人们就会自然而然地联想起武术界广为流传的说法，如“拳不离手，曲不离口”“学拳三年，丢拳三天”“一日练，一日功，一日不练十日空”“三年一小成，十年一大成”“功用一日，技精一日”“太极十年不出门”等。

中国古代武术与西方格斗术练习的本质区别之一，就在于它有“功夫”。仅仅从动作的外表上，外行很难看出武术家的功夫如何，因为功力深厚的武林宗师们的动作都是朴实无华的，看上去普普通通，与戏台上花里胡哨、引人入胜的武打有天渊之别。但是，在生死之搏的实际格斗中，这些似乎轻描淡写的一踢、一点、一拿却有着制敌于死命的巨大威力，其原因就在于“功夫”。

功夫是中国武术的精髓，有功夫的武术大家可以凭借普通的一招一式，攻坚击硬，无往不利；没有功夫的初学者即使将高难的武术套路演练得滚瓜烂熟，一经试敌总不免破绽百出。因此，在武术界流传着“力不打拳，拳不打功”的说法，也就是说拙力、蛮力敌不过技击的技巧，而技击的技巧又敌不过修炼深厚的功夫。因此，古代武术家既要练身、练形、练力，又要练精、练气、练神。在这种神形俱练的实践中，一代代武术家们以令人难以相信的执着追求、锲而不舍的探索精神，发展出了一个体系博大、内容庞杂的武术功法体系。因此，武术家们把习练武术称为“练功”。练功，是古代的武术家们习武活动的主要内容。

中国古代武术的功法可以分为练内和练外两大部类，也就是武林中人们常说的“内练一口气，外练筋骨皮”。练内，就是改善习武者的意念、气息、脏腑、经络、血脉等方面的状态，达到“内壮”；而练外，则是增强骨骼、筋腱、肌肉、皮肤等部位的机能，以求“外壮”。练内是练外的基础，而练外又将雄厚的内功转化为强大的技击力，这样，内外结合，相辅相成。《杨氏太极拳谱》中的一段话将这种关系说得十分清楚：“气走于膜、络、筋、脉，力出于血、肉、皮、骨。故有力者皆外壮于皮骨，形也；有气者是内壮于筋脉，象也。气血功于内壮，血气功于外壮。”明白了这个道理，知道了力气的来源，自然就会知道“用力、行气之分别。行气于筋脉，用力于皮骨”（《太极拳谱》卷七，见于《杨谱：清代杨氏传钞老谱》）。因此，太极拳的练功要“沉肩坠肘，气沉丹田。气能入丹田，为气总机关，由此分运四体百骸，以气周流全身，意到气至。练到此地位，其力不可限量矣”（《太极拳谱》卷八，见于《杨谱：清代杨氏传钞老谱》）。

陈式太极拳家陈鑫（1849—1929 年）也说：“打拳也是运其任督二脉，使之顺逆往来循环无间也。”丹田是“生气之原，不归于此，则小势之动气必渐竭而运动无力矣”。所以强调练气。（《太极拳图画讲义初集拳谱》）

就是以攻坚打硬称著的少林拳法，也同样重视这种内外结合的修炼：“无论练功习技，首须养气，气沛则神完，神完则力足。”（《少

林七十二艺练法摘要》）

总的说来，武术这种内外合一的练功思想与实践，就是要让习武者的意、气、力、身四者有机配合，融为一体，内功和外功相互作用，做到“内壮外勇”，从而以意导体，以体导气，以气发力。这样的力就不再是肢体的拙力、僵力、蛮力。拙力、僵力、蛮力看起来气势汹汹，却不过徒有其表，打击的力度仅限于人体的表浅部位，而中国武术内外功结合而发出的力，绵远深厚，刚中有柔，柔中带刚。这样的力有极大的穿透性，可以透过皮骨，直逼脏腑，打击效果远远超过没有功夫的拙力。

武术功法，特别是内功的出现与中国古代行气术进入明代以来的空前繁荣有直接关系。自明代开始，气功出版物大量涌现，其数量之多，超过了历代的总和。也是在这一时期，古代导引术在经历了宋元时期的低潮后，进入明代掀起了一个高潮。

内功主练精、气、神，强内固本，如洗髓经、易筋经等；外功主练身体之灵活、协调、力量和身手桩步，以提高自卫与攻击能力；硬功主练身体各部抗坚击硬之功力，如铁布衫、红砂掌、一指禅、上缶功、石柱功、排打功等；轻功主练轻身腾跃与超距之能，如跑墙游墙等；气功有养气与练气之分，养气功主要为坐禅等静功，以调息养神。练气即指武禅结合的动功，以活血助力。尽管功法各有所长，但是由于练功总的指导思想是强调整体，即内外合一，神形俱练，因此各种功夫在练法上也多有交叉，极少是纯粹练内或练外的。

那么，古代的武术家是如何习武练功的呢？

（一）内功

内功的主要目的是养气和练气。养气以凝气清神，练气以运使气息，自由地调动气息，为练功服务，正如《少林拳术秘诀·气功阐微》所说："养气而后气不动，气不动而后神清，神清而后操纵进退得其宜，如是始可言命中制敌之方。""练气之学，以运使为效，以呼吸为功，以柔而刚为主旨，以刚而柔为极致。"由于内功不是为了直接技击，而是强内固本，使习武者深含不露，沉着冷静，并可根据技击的需要，随意自如地调动气息，因此内功多采用静态的，或缓慢而简单的动态的功法，静中求动。最常见的有以下几种：

（1）桩功

"要学拳，须站桩，欲习打，先练桩。"站桩功是武术内功的基本功法，"桩"的意思是比喻习练时像桩一样静止不动，久练后如桩一般坚实稳固。

武术的桩功种类很多，各门各派武术多有自己的桩功，如八卦掌的八卦桩、虎坐桩、夹马桩，太极气功十三桩[①]，少林拳的子午桩，形意拳的三才桩，峨眉十二桩[②]，内家八桩（浑元八桩）[③]，醉拳的立桩，苗拳的箭桩和藏山桩，还有马步桩、丁步桩、虚步桩、三角桩、四平桩、七星桩、撑抱桩、伏虎桩、降龙桩等。这些以静态姿势为主

① 包括浑元桩、川字桩、推山桩、抱球桩、按球桩、大字桩、撑字桩、托按桩（左式）、托按桩（右式）、提抱桩、天字桩、山字桩、插肋桩。

② 包括天字桩、地字桩、之字桩、心字桩、鹤翔桩、游龙桩、旋风桩（风字桩）、拿云桩、大字桩、小字桩、幽字桩、明字桩。

③ 包括天门桩、地门桩、风门桩、云门桩、龙门桩、虎门桩、鸟门桩、蛇门桩。

的桩功桩势多样，神态各异，各有侧重，养气练气，练神练意，调身练力，从容不迫地为武术技击奠定基础。

武术的桩功除了上述静态为主的形式外，还有各拳种用来练习基本身体姿势，在走动中练习的“行桩”（又叫“动桩”“活桩”），行桩与武术技击有更为直接的关系，如通背六路行桩、落地梅花桩、醉拳的摆桩等。

作为武术习练基本功法的桩功，也有良好的保健作用，在清代中叶已有人将站桩功引入普通人的养生术中，但流传不广。

（2）易筋经

上文提到过的托名达摩，而实际上出现于明代后期的《易筋经》是武术功法的一部代表作，被少林武术家们奉为经典著作而流传开来。

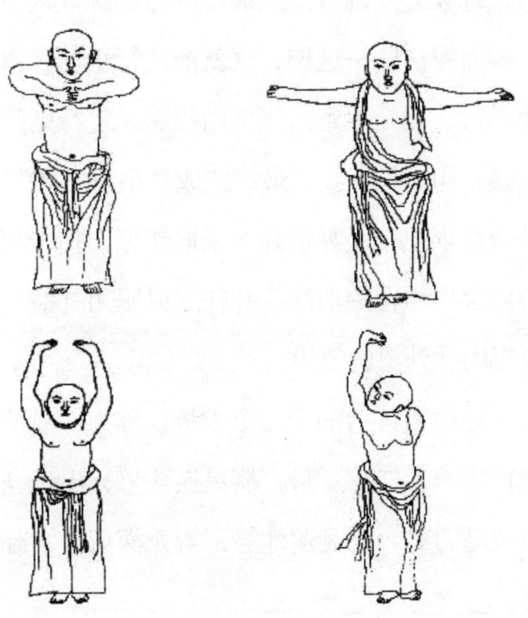

易筋经

《易筋经》认为：“筋，人身之筋络也。骨节之外，肌肉之内，四肢百骸，无处非筋，无筋非络。联络周身，通行血脉，而为精神之外辅。如人肩之能负，手之能摄，足之能履，通身之活泼灵动者，皆筋之挺然者也。”（《易筋经·上卷总论》）身体的种种病症，如病、瘦、痿、懈、亡等，都是由筋的不良状态，如弛、挛、靡、弱、缩而造成的。因此，需要将病弱之筋换为强健之筋，因为“筋壮则强，筋舒则长，筋劲则刚，筋和则康”。虽然，“筋”是外功练习的对象，但是，《易筋经》却从形神统一的观点出发，认为“练有形者为无形之佐，培无形者为有形之辅”（《易筋经·膜论》），就是说，无形的练内与有形的练外是相辅相成的。

于是，《易筋经》将练功分为三个层次，即练筋、练膜和练气。练筋必须练膜，练膜必须练气。从最难练习的练气入手，“使气清而平，平而和，和而畅达”，这样，气就能“行于筋，串于膜，以至通身灵动，无处不行，无处不到。气至则膜起，气行则膜张”。进而练筋，使筋舒、强、和、长、壮，最终练成“金石之体”。

根据这种修炼理论，《易筋经》采取按摩、拍击与入静诱导和意守按摩、拍击部位相结合的功法，并辅之以服用补益气血的内壮药物和药浴，以取得内壮外勇的效果。

《易筋经》还附有练功的十二个术势，称为“易筋经十二图”，分别为韦驮献杵第一、二、三势，摘星换斗势，出爪亮翅势，倒拽九牛尾势，九鬼拔马刀势，三盘落地势，青龙探爪势，卧虎扑食势，打躬势和工尾势。

（二）外功

武术的主旨是防身健体、击打格斗，因此骨骼是否强壮，筋腱是否柔韧，肌肉是否有力，皮肤是否坚韧，直接关系着在防守时能否抗打经摔，保护自己，在攻击时的擒打摔拿中能否攻坚打硬，克敌制胜。因此，古代武术家无不花费大量时间来练外功，丝毫不敢懈怠。武术中所有的绝招、险招、狠招无不与外功密切相关。中国古代武术家在实践中发展出了内容极为丰富的外功练法，化去一身的拙力，使身体刚坚而柔韧，劲力变化无穷，深不可测，同时在外功习练中引入调息运气、调动意念等内功，以意导气，以气催力，大大提高了外功的效果。

（1）柔功

中国武术的动作方向多变、线路复杂、腾挪翻闪、大开大合，对身体的柔韧性有极高的要求。关节、韧带僵硬，肌肉缺乏弹性的人难以进入武学的高妙之境。因此，古代武术家十分注意对身体柔韧性的练习，将其作为习武者入门的基本功，称作“柔骨功”或“柔功”。柔功包括发展肩、腕、胸背、腰、腿、踝各个关节运动幅度和肌肉灵活性的功法，采用主动性或被动性的压、摆、牵、拉等，扩大关节的活动范围。像人们经常看到的习武者们练习的“压腿”“下腰”“劈叉”“压肩”“开胸”“跪压”等方法都属于武术柔功。如明代的《武编》就指出在练习腿法时，先要踢开腿后再习练腿法。所谓踢开腿，就是发展腿部的柔韧性（《武编》前集卷五）。武术的柔功并不是一味地追求柔软、伸展，致使动作速度下降，而是在放松时柔若无骨，发力时疾若闪电。因此柔功不光是静态的压拉，还包括大量动态的动转练习，如踢腿、摆腿、甩腰、抡臂等。

由于关节的灵活性随着年龄的增长而下降，因此，柔功必须从幼年练起。

（2）自我保护功法

俗话说“打铁先得自身硬”，古代武术的外功训练也是从强固自身开始的，首先要练的是抗击打能力，也就是“学打人，先习挨打”。古代武术家们以一系列精心设计的自我锤炼方法，先练皮肉，进而练筋骨，将自己练得如同金石之身、钢铁之体一般的强壮。用器械对自身进行拍击是武术家自我保护功法的基本形式。用拍击器械对身体进行拍击，其实也是中国传统保健的一个重要方法，早在汉代马王堆的导引图中就有了用袋状物拍击身体之法。古代武术家将拍击法引入武术习练，对拍击的器械和效用进行了大胆的开发和实验，发展出了一系列“挨打”功法，用于拍打的器械也越来越多，如《易筋经》中提到的拍击器除石袋、铅屑袋外，还有石杵、木杵、木槌。在实际的运用中，还有使用砖和铁砖的。

排打功一般是由习武者本人或其同伴，用拍击器械击打全身各部，从大小臂开始，继而大小腿，然后胸腹部，最后是背部。击打时要鼓气，击打间隔时吐气，早晚各排打一遍。随着习武者抗击打能力的提高，增加击打的力度，进而换用质地更坚实的击打器械，如石、铁等，最后甚至可以采用刀斧等锋利之物。

与排打功练法相类似的有主练头部的“铁头功”，主练腹部的“铁牛功”，主练全身的“铁布衫”和“金钟罩”等。这些武术硬功练成后，常常有着令人难以想象的功效，如清代的少林武术家们“运气于筋肉，则脉络突起，筋如坚索，肉如韧革，刀击之不能伤也”（《清稗类钞》）。郑板桥也记载了湖北一个叫魏子兆的人学习了少林寺僧的练气运神之诀，练习了数年，“周身坚硬如铁，值运气时，气之所至，虽刀斧无能伤也”（《郑板桥笔记》）。

（3）进攻性功法

中国武术中有许多招式看起来简单平常，但却有令人惊奇的威力。在武术家们出手的刹那间，他们身体的各个部位，如头、肩、臂、肘、掌、拳、指、腿、膝、足等，似乎从血肉之躯的一部分突然化为犀利无比的刀剑或万钧之力的重锤，所向披靡，令人防不胜防，挥掌扬指之间，处处隐藏着杀机。中国古代武术有大量的各种专门功法来培养和提高身体整体及各个部位的攻击能力。这些功法除了少数是练阴柔之劲的外，多为外壮类型，以练阳刚之劲为主。虽然这些功有突出的动作性，重在练形练力，但在习练时仍然一时一刻也离不了意念、气息这些内功的辅助。这些功多利用外物进行练习，由于古代武术练功的一个突出特点就是生活化，练功与日常生活结合得十分紧密，因此练功中使用的外物也都是老百姓生活中的寻常之物。与前面说过的自我保护功法相同，这些进攻性功法的练习方法也不复杂，大都是一些十分简单的动作。但是，就是用这些毫不起眼的寻常之物和这些人人都会的简单动作，古代的武术家们以无忘无助的耐心，锲而不舍，练出一身的绝技。如明代武功练习采用的练习器械有木凳、石墩、糠袋、蒲团、木柱等。用放在地上的木凳练弹腿，一腿弹出，能将木凳踢得后退，而不翻倒为宜；用踢石墩练弹腿的劲力；用悬在梁上的糠袋或蒲团练蹬腿或踹腿的高度；用木柱练蹬腿或踹腿的劲力。（《武编》前集卷五）

如练指力的“一指金刚法”不过是在平时行走之间用手指点击墙壁、树木，逐渐增加力量，久而久之，便有惊人的效果，据说“触木木可洞，触石石可碎”。再如练手臂打击力的基本功法“打纸墩”，是在结实的凳上放置一墩厚纸，配合步法，用拳、掌、指、肘以打、拍、插、切、削等各种手法反复击打，经年累月，功力自增。有几分神奇色彩的“一指禅”的练法，主要是在家里过道悬一铁锤，出出进进只要看到这个悬锤，就以食指或中指戳它一下，时间长了，一指便可将锤催动。还有练手指抓劲的“拔钉功”，是将大铁钉敲入厚厚的木板，然后用拇指、食指和中指将钉子一一拔出。此功练成后，在格斗中拿对方的穴位时，有无穷威力。

（4）轻功

武技高强的人，静止时，如深深扎根于地下的大树，坚如磐石，稳如泰山。没有功夫的人就是来他三五个也不能使其动一丝一毫。而武术家们一旦动起来，却又轻灵得像一片羽毛，跑则疾如旋风，跃则飘如猿猱。古代武术家们轻捷的身手，在正史和野史中也时有记载。如东汉末期汉献帝建安十三年（208年），东吴的孙权命令威武中郎将贺齐征讨据守在丹阳林历山的陈仆、祖山。林历山山势险峻，壁如刀削，数月攻之不下。贺齐决定出奇兵，暗访到一个轻功高超的壮士，以铁戈为登山器具，在浓黑的夜色掩护下，从敌人意想不到的险峻处，登上山顶。继而，百余名军士拉着这位壮士放下的长长的布条，也登顶成功，鸣鼓吹号，就这样山上山下配合，大破敌军（《资治通鉴》卷六五）。唐人张鷟（zhuó）记录了这样一个传奇故事，柴绍有个弟弟有一身超人的轻功，纵身一跃，可轻盈盈地飞出去十多步之遥。唐太宗李世民为了测验他的技能，命令他去取赵公长孙无忌的鞍鞯，却又事先告诉长孙无忌有人要来行窃，须小心在意。到了夜里，长孙无忌忽然看见一件东西像鸟一样飞入自己的宅内，一瞬间便割下双鞍逸去，追之不及。唐太宗又让此人去窃丹阳公主的镂金枕头，只见他飞身潜入公主的寝室，在公主脸上轻轻撒了一点土，趁公主一抬头的瞬间，用其他物件换去了这个镂金枕头，丹阳公主浑然不知，直至早晨才发觉。此人还曾穿着皮靴，不靠手攀引，走上砖城，直至女墙，又足踏佛殿柱，直上檐头，接着手抓椽子蜷身而上。翻越百尺楼阁，对他来说如履平地。唐太宗看后既感惊奇，又有几分畏惧，说："此人不可留居京城。"（《朝野佥载》）

宋人洪迈的笔下也有一个轻功非凡的人物杨宜中。一次，他与弟子们来到福州水西里中一座山下，此山壁立百丈，从来就没有人上去过。只见杨宜中用手提起衣服的下摆，就登上了峭壁，步履从容，似乎在平地上行走，弟子们大惊不已时，他已在山巅上笑着向山下招手。（《夷坚志》支戊卷）

有的妇女的轻功也不让须眉。清代有一个故事讲的是一个女子与一个小偷比赛"飞檐术"。只见这个小偷"向壁蹑足而上"，就像登梯子一样爬上墙顶，翻身跳下，颇为得意。不料这个女子竟嗤之以鼻，问道："你的本事仅此而已？"小偷回答道："这是飞檐走壁之术。"话声刚落，只见这个女子以比小偷迅捷得多的动作，蹑足而上，登上

墙顶，接着又背贴墙壁，徐步而下。小偷看后大吃一惊。（《清稗类钞·技勇类》）

古代的武术家究竟是怎样练出一双健腿利足，使他们跨壕越坡，如履平地，上墙过屋，转眼无踪，以至人们传说他们有飞檐走壁之能、平地升举之术？

古代武术有一系列旨在练习身体轻捷的功法，称为“轻身术”。如先练负重在山路土岭上奔跑的“蹿纵术”，继而练习跑缸边，即习武者负重在盛满水的大缸沿上行走，逐渐减少缸里的水，一直练到能在空缸的缸沿上行走如飞的程度。接着，将缸换为盛铁砂的大簸箩，在簸箩沿上跑，逐渐减少簸箩中的铁砂，直到最后在空簸箩沿上跑。再如跳坑功，在腿上绑缚铅包，重的可达三斤，从浅坑里往上跃，逐渐增加坑的深度，直到三尺之深。据《清稗类钞》记载，清代时，河南、山东一带的孩子们就用这种方法练“飞檐走壁”，其他的练法还有跑桩等。

二、武术技法

武术的技法是指技击之法，包括以打为主的手法、以长攻为主的腿法、以变换为主的步法、以活为要的身法和运用眼神的眼法等五大类基本技法。各法中有多种变化，如手法有拳、掌、勾、爪、指等，腿法有踢、弹、点、踹、铲、扫、飞脚、摆莲、跌叉等，步法有进步、退步、行步、击步、垫步、提步、插步、盖步、跳步、摆步、扣步、跟步、纵步、跃步等，身法有伸缩开合、闪展俯仰、拧转翻挫、冲撞挤靠等，眼法有注、随、环等。不同的武术流派，不同拳种的技法又各不相同，因此衍化出无穷多的变式来。技法是掌握拳术和各类器械武术的基础，各派武术家非常强调本门武术技法的习练。如被认为是明代少林寺僧玄机和尚所传的少林拳法，就是首先讲究步法、手法、肘法、腿法、身法的训练，认为通过这些技法的练习达到“周身俱活”后，便可“随其所用”了（《拳经拳法备要》）。武术的每一种技法，都需要大量的练习才能熟练掌握。

三、武术学习

清末太极大师陈鑫对于古人的习武练功有这样一段话：“理不明，延明师；路不清，访良友；理明路清而犹未能，再加终日乾乾之功，进而不止，日久自到。”（《太极拳谱》卷十三，见于《陈谱：清末陈鑫太极拳论著》）这段话道出了学习武术最重要的三件事：一是要拜高明的老师，授业解惑；二是要结交武友，切磋技艺；三是勤学苦练，自我完善。

（一）拜师访友

中国古代武术有许多门派，武林中实行家族式的封建宗法管理形式，对徒弟来说，他要拜的是“师父”，而不是仅有一技之长的“师傅”，拜师收徒意味着此后徒弟要“事师如父”，而师父则要“视徒如子”。对于有志武学的习武者来说，择师是踏上学习武艺的第一步，决定着能否打下良好的基础，因此是非常关键的一步。习武者如果择师不当，就会像《水浒传》中的史进一样，在遇到名武师王进以前，虽然跟了七八个有名的师父习武，最终却发现“枉自经了许多师家，原来不值半分”，或者像前面提到过的与魏文帝曹丕以甘蔗为剑比武、狼狈败下阵的奋威将军邓展一样，得不到剑技的真髓。

中国武术发展史上的一代代宗师巨匠之所以能达到令人难以置信的武技境界，是与他们善于择师、勤于学习分不开的。如著名武术著作《手臂录》的作者、武术家吴殳就是投师到了明末武术家、精通枪法的石电（？—1635年，字敬岩）门下，技艺才突飞猛进的。同样，前面提到过的杨露禅从师于陈氏太极大师陈长兴，李飞羽从师于形意大师戴文雄，为他们以后的发展奠定了基础。

人们常用“读万卷书，行万里路”来形容古代文人的为学之道。其实，古代习武者又何尝不是如此？古代习武者有着从师学到一定程度后，离师出游，寻访天下名师，以武会友的习俗，正像一句武谚说的“一处磕头，百处学艺”。这种武术“游学”对于习武者技艺的进步是非常重要的，他们之所以要“百处学艺”，不仅是由于中国武术文化有强烈的地域色彩，拳种功法因地而异，而且当时社会的通讯手段不发达，一个人想博采众家之长，就必须跋山涉水，四处求学，还因为武术的许多精妙之处不可言传，非得面对面的示范教学、切磋讨论才能悟得其中三昧，正如太极拳家陈鑫所说：“每一势拳，往往数千言不能罄其妙，一经现身说法，甚觉容易。”（《太极拳谱》卷十二，见于《陈谱：清末陈鑫太极拳论著》）

中国古代练功习武者这种“游学”的传统，早在春秋战国时就开始了。当时社会上出现了一批携剑周游列国的武侠，人称“游侠”。这些人身怀绝技，豪气冲天。他们之所以四处漫游，固然是为了寻找施展抱负的机会，也是为了寻师访友，切磋武技。如唱着“风萧萧兮易水寒，壮士一去兮不复还”的悲壮诗句，行刺秦王的荆轲在遇到燕太子丹前，就曾到榆次与武侠盖聂论剑，又到邯郸与剑侠鲁勾践比武（《史记·刺客列传》）。寻师访友，四海为家，这一中国武术优良为学之道数千年来，一脉相承，造就了一代又一代的集大成的武术巨匠。这种游历四方的学习方式，不仅使习武者避免了“近亲繁殖”对武术发展的不良影响，而且使他们了解社会，了解人民，从而使武术与社会生活紧密地结合在一起，获得取之不尽、用之不竭的养料。同时，也使武术在各地的平民百姓中传播开来。所以，中国武术史上许多著名的武术家都来自社会底层。如前面提到过的形意大师李飞羽曾是菜农；八卦掌武术家山西的车永宏，幼年家贫失学，给有钱人当车夫；八卦掌武师河北的尹福（1841—1909 年）早年在京城学做剪刀，后以卖烧饼、油条为业，从师董海川学艺后，在朝阳门设馆授徒；著名的义和团首领和梅花拳拳师赵三多（1841—1902 年），青年时以贩碗为业；“大刀王五”王正谊（1844—1900 年），12 岁在烧饼铺学徒，艺成后开镖局和教武；形意拳武师河北的李存义（1847—1921 年），出身贫困，曾以帮人赶车为生，从师刘奇兰习武，艺成后开镖局并收徒教授武术；河北深县的八卦掌武术家程廷华（1848—1900 年），是京城的眼镜匠。

（二）武术歌诀

古代武术没有教科书，人们练武的文字依据是拳谱。拳谱记录着拳式名称及用法，一句或两句一式，一般为七言或五言句。拳谱对于武术传习固然很有价值，但普及性却十分有限。这主要是因为能够读懂拳谱的必须是有一定文化的人，如《武编》的作者唐顺之就存有《温家拳谱》，晚年尚能背诵拳名十余式。可是在中国古代，无论是传授武技的武师，还是习练武术的学生，大都是文化程度较低，甚至目不识丁的社会下层人物，且不说拳谱数量很少，大多数人与之无缘，就是有了也看不懂。为了便于传习，中国的武术家们会从大量的实践中总结和提炼出许多武术歌诀，如“拳诀”就是其中的一种，包括习练各门拳法的拳式要领、技术动作标准、拳路的用法要义等。凡是比较成熟的武术门派，一般都有自己的拳诀和拳歌，如《拳经总歌》，太极拳的《打手歌》《十三势歌》《杨氏太极拳谱歌》，形意拳的要领歌诀《九歌》，翻子拳的《站桩翻拳歌》，少林点穴法的《二十六要害穴点打法歌诀》，修炼气功的《胎息铭》，易筋经的《十二段锦图诀》等。这些歌诀，通俗易懂，合辙押韵，抑扬顿挫，易背易记，为普及武术发挥了重要作用。如南北朝时养生大家，也是武技高手的葛洪就是在武师的指导下，学过关于射箭、刀盾及单刀双戟的口诀要术。拳诀拳歌是各门武术的精华，常以极精练的语言，画龙点睛地提示出武术的核心，如“敬、紧、径、劲、切”五字为内家拳的“心诀”，“敷、盖、对、吞”是太极拳的“四字秘诀”。也正因为这一点，古时候武师们绝不轻易以诀示人，正如拳师常说的“古人传艺不传诀”。

另外，由于武术在民间的广泛传播，出现了大量的武术谚语。这些谚语用语通俗，言简意赅，既是习武经验的总结，也是练功习武的指导。中国武谚的内容极为丰富，涉及练功习武的各个方面，如关于习武与练内功关系的，有“外练筋骨皮，内练一口气”“外练手眼身法步，内修精神气力功”“内不动，外不发”；关于眼法的“眼无神，拳无魂”“手眼相随，手到眼到”；关于步法的“手到脚不到，鬼也打不着；手脚一起到，金刚也跌倒”“步不稳则拳乱，步不快则拳慢”“步大不灵，步小不稳”；关于腿功的“打拳不溜腿，必是冒失鬼”“只压不溜不中用，只溜不压笨如牛”；关于习武宜少而精的，有“不怕千招会，就怕一招熟”“百看不如一练，百练不如一专”“一招鲜，吃遍天”；关于以巧制胜的，有“打拳在劲不在力，在巧不在勇”“四两拨千斤”；关于武术器械的，有“单刀看手，双刀看走”“枪怕摇头，棍怕换把”“钩走浪势，戟扎戳势”；关于苦练不辍的，有“拳不离手，曲不离口”“学拳三年，丢拳三天”“一日练，一日功，一日不练十日空”。

（三）比武和对练

古代武术的突出特点之一就是它极其强调实用，强调技击。古代习武者“冬练三九，夏练三伏”，绝不是为学三拳两脚的花架子，而是为遭受凌辱时能有效地自卫，惩治邪恶时能有力地出击。与现在人们所看到的武术表演相比，古代武术可能得不到多少看客的喝彩声，但是临机试敌，却锐不可当。为了保持武术在实际格斗中的威力，防止它演变成中看不中用的“花拳绣腿”，必须有专门的方法对习武者掌握武术的真实程度进行检验，比武和对练就是对习武者的技艺进行检验的最有效的方式。

二人徒手对练

早在春秋时期，武士就有在春秋两季切磋武艺的竞技活动："春秋角试，以练精锐为右。"竞技场上集中了天下的豪杰，这些人技艺高超，"举之如飞鸟，动之如雷电，发之如风雨。莫当其前，莫害其后，独出独入，莫敢禁圉"（《管子·七法》）。早期的比武是非常残酷的，如前面提到过的战国时的击剑，可以"上斩颈领，下决肝肺"，赵惠文王的剑客们一年就有 100 多人剑下伤亡（《庄子·说剑》）。到了宋代，比武仍有相当的危险性，如《水浒传》的落难英雄杨志与周谨在校场比武，主持人梁中书就直言不讳地说："武夫比试，何虑伤残？但有本事，射死勿论。"（《水浒传》第十三回）

三人对练

就是民间的比武，伤残死亡也是比武者自己的事，与旁人无关。如梁山相扑好手燕青在泰山与号称“擎天柱”的大汉任原打擂比武，部署（裁判）看他是个“俊俏后生”，想让他“留了性命还乡”，劝他不要比了。想不到燕青技艺高超，采用“鹁鸽旋”的招式，将任原抛下台去，“跌得昏晕，倒在献台边，口内只有些游气”（《水浒传》第七十四回）。这种与实战相差无几的比武，虽然常常会演化成以生死为代价的拼搏，但却也起到了武术试金石的作用，筛去华而不实的虚套，留下质朴实用的精粹，使武术习练紧扣攻守格斗的规律发展。

对练的目的不在于胜负，而是通过对打发现习武者的薄弱环节，从而更有针对性地进行改进。此外，武谚说：“练拳不习打，临阵少方法。”对练就是要着意创造一个从难、从严、从实战出发的练艺环境，使习武者积累实际格斗经验，提高应变能力，而不至一旦遇敌手忙脚乱，不知所措，空有一身的拳式却无所施用。古代各类武术都有自己的一套对练对打的训练方法，如“枪有对札梨花枪，刀有大刀擒枪，单刀破矛，拳有连拳，而剑亦有对劈剑也”。[①]

（四）习武与日常生活相结合

古代武术习练的一个突出特点就是与习武者日常生活结合得非常紧密。

如练习武功有“练拳宜早起，早睡体不亏”之说，这就涉及习武者的起居作息；练功要求着服装既宽松舒适，以利气血的通畅，又紧凑利落，不妨碍动作的洒脱，这就涉及习武者的穿衣；吃什么东西才有助于练功，也有一套讲究，这又影响习武者的饮食，如在练外功时，体力消耗很大，就要饱食足睡，保持充沛的体力；而在练内功时，则要减食省眠，以便练精化气，练气化神。练功习武还要求养精爱气，“爱精如爱金，才算武艺人”，这又与习武者的性生活有关。不仅如此，习武还直接影响人们的精神生活。中国武术理论认为人的身、心和道德是不可分的。要想取得良好的练习效果，练习者必须不断地培养自己健康的心理品质，完善自己的人格，如襟怀豁达、与人为善、以礼待人、心平气和、从容沉着等。心理修炼与武德培养也是中国武术极其重要的习练内容。这样，练功习武对练习者日常生活的各个方面，从起居制度、服装饮食到言谈举止、待人接物等均有深刻的影响。练功有“易骨、易筋、易髓”的说法，这就是说，练习者要经历脱胎换

① 万籁声．武术汇宗［M］．北京：中国书店出版社，1984：90.

骨的磨炼，才能掌握真正的功夫。习武是一个长期的过程，就像武术家们常说的“三年一小成，十年一大成”。当一个人决定练功习武时，他就踏上了一条长期的自我规范的生活道路，按照练功习武的要求去调节自己的日常生活，把练功习武贯穿到自己生活的各个方面。所以，在真正的武术家看来，要练就上乘功夫，对于行坐卧走、饮食乃至大小便都不可不注意。（《太极拳谱》卷八，见于《杨谱：清代杨氏传钞老谱》）因此，真正的武术家在日常的坐卧行立中，也不松懈，要求自己“坐如钟、立如松、行如风、卧如弓”。对自己要求严格的习武者，随时随地都在练功，如太极大师陈长兴，坐着时，也是虚灵顶劲，上体不偏不倚；走路也以意作圈，就是平时拿笔放杯，也都暗含太极劲。八卦高手程廷华，以做眼镜为业，人称“眼镜程”。为了练习腿功，每天打磨眼镜片时，总是一腿呈半蹲姿势，另一腿横置于支撑腿的膝头。清代河南武术家李政，学成心意拳等武术后，以保镖为业。为了练习武术步法，他在走镖途中时常以鸡形步行走于镖车前后。至于枕砖头、睡木板的练功人更是多见。少林拳法有“三要五忌七伤”的要求，也涉及生活的各个方面。“三要”是“一要深沉慎重，二要确实精当，三要节欲爱名”；“五忌”为“一忌荒惰、二忌夸矜，三忌躁急，四忌躐（liè）等，五忌酒色”；“七伤”是“一近色伤精，二暴怒伤气，三思虑伤神，四善忧伤心，五好饮伤血，六懒惰伤筋，七躁急伤骨。”①

古代武术还要求根据大自然变化的规律去练功，因此习武者需要分阴阳，辨八卦，知五行，明经络，依时调节生活节奏和生活环境，

① 无谷，姚远．少林寺资料集续编［M］．北京：书目文献出版社，1984：483.

对练功的时间和方位也有很多讲究。什么时候练功为宜？古代养生理论认为，一昼夜可以分为12个时辰，即子（23—1）、丑（1—3）、寅（3—5）、卯（5—7）、辰（7—9）、巳（9—11）、午（11—13）、未（13—15）、申（15—17）、酉（17—19）、戌（19—21）、亥（21—23）。其中，从夜半子时到正午前，为六个阳时，是天地万物处于“生气”的时候，这时练功，可以受益。而从午后到子时前，是六个阴时，自然界处于“死气”，练功无益（《抱朴子内篇·释滞》）。气功武术家们以这种理论为基础，并根据传统功法的功理和气血子午流注的运行规律，确定各门各派的练功时间，如少林武术强调卯功“初起空腹，先行卯功”，继而做中饭前的午功，最后是日入时的酉功（《少林拳术精义》）。

古代练功没有表，民间练功时，点燃炷香，以香焚化的长度（或炷数）来计算练功时间，如《易筋经·初月行功法》就要求行功持续一个时辰，“时不能定，则以大香二炷为则”。

为了取得最佳效果，早在汉代时就已经对练功的方位有了规定，在马王堆导引图上，人们就已经看到，当时的练功者都以面南背北为基本方位。练功的取位，与传统的阴阳五行相生相克、八卦、干支理论有直接关系。近代武术家在练功时，主张“早不朝东，晚不向西，午不朝南，永不向北”。其中不向北则完全出于政治原因，意为不向来自北方的清王朝称臣。

第五章 古代少数民族武术

中国是一个多民族的国家，在漫长的历史进程中，各民族既有矛盾与冲突，更有交流与融合，最终汇合成为中华民族。古代少数民族多居住在自然环境比较恶劣的边境地区，如北方的莽莽戈壁、大漠荒原，南方的崇山峻岭、激流险滩。在艰苦的生存环境和各种战争的长期磨砺下，我国各古代少数民族养成了尚武的社会习俗，发展出了各自独具特色的古代武术。古代少数民族武术是我国古代武术文化的一个重要组成部分。

一、北方民族武术

居住在我国北方的古代少数民族，如匈奴、乌桓（huán）、鲜卑、契丹、女真、党项、蒙古族等都是游牧民族。这些民族善骑射，好武勇，如羌族“鞍马为居，射猎为业”（《后汉书·陈龟列传》）。匈奴“天性骁勇，弓马便利，倍于氐羌”（《晋书·江统传》）。

乌桓族"俗善骑射，弋猎禽兽为事"（《后汉书·乌桓传》）。鲜卑人"兵利马疾，过于匈奴"（《后汉书·鲜卑传》）。北方少数民族逐水草而居，一般都采取军民一体、全民皆兵的制度。如契丹族凡15岁以上、50岁以下的民众，都隶属兵籍。每正军一名，配打草谷、守营铺家丁各一名，马三匹（《辽史·兵卫志》）；党项羌族建立的西夏，凡年龄在15岁以上、60岁以下的男子都要"自备弓矢甲胄而行"（《隆平集·西夏传》）；蒙古族男子15至70岁，都算作士卒，"上马则备战斗，下马则屯聚牧养"（《元史·兵志》）；满族也采用兵民合一的八旗兵制度，15至60岁的男子均为"旗丁"，平时参加军训和生产，战时"三丁抽一"打仗。

北方少数民族没有儒家纲常礼教的束缚，全民皆兵、崇武、尚武的习俗，也使妇女习武在这些民族中蔚然成风。如前秦苻（fú）登的皇后毛氏（氐族）"壮勇善骑射"，有一次苻登受到姚氏的攻击，营垒即将失守，只见毛氏毫无惧色，仍然"弯弓跨马，率壮士数百人，与苌（cháng）交战，杀伤甚众"（《晋书·苻登妻毛氏传》）。北魏孝明帝元诩（516—528年在位）的母亲胡太后（？—528年）喜欢马、步射，经常在居处的后园中练习射箭，能射中针孔（《资治通鉴》卷一四八）。在魏晋南北朝时期，通过民族的大融合，将这种刚健之风传入中原，大大促进了妇女武术的开展。

北方少数民族习武的主要内容是骑射，孩子们从小就骑着羊，拈箭张弓射鸟射鼠，长大一些就射狐狸射野兔（《史记·匈奴传》）。如金太祖完颜阿骨打（1068—1123年）10岁就喜欢弓矢，在少年时代，箭术已经精熟。长大后有一次他射群鸟，连射三发皆中。有一次宴饮之后，他在门外散步，看到远方有一土山，就让大家用箭射，所有射出的箭都达不到土山。金太祖拿过弓来，一箭就过了土山，一测量，竟有 320 步之远。天德三年（1151 年），专门在此立了一块射碑，以纪念此事。（《金史·太祖本纪》）

再如元代蒙古军队中的搠（shuò）阿精于骑射，深得元太祖铁木真的赏识，称他为神箭手。一次，元太祖路遇强盗，此时正好空中有两只野鸭飞过。太祖命令搠阿射飞行中的野鸭，搠阿问道："是射雄的，还是射雌的？"太祖说："雄的。"搠阿弯弓一箭，雄鸭应弦而落。强盗们一看，大吃一惊，仓皇逃走。（《元史·忙哥撒儿传》）

出色的骑射，使这些少数民族具有高度机动的作战能力，正像汉代重臣晁错评论匈奴武技时所说的，"险道倾仄，且驰且射"，中原的骑兵比不上他们；"风雨罢劳，饥渴不困"，中原的士卒比不过他们。（《汉书·晁错传》）

北方少数民族多采用田猎的形式训练武艺。田猎对他们来说，不仅可以练骑射，提高格斗能力，而且可以得到生活所需的衣食。他们也的确在与野兽搏斗中练出了降龙伏虎的本领。汉代时，汉成帝为了向胡人夸耀国力，发动扶风郡的民众进山，进行了一次大规模的围猎，捕获了许多熊罴（pí）豪猪、虎豹狐兔等各种野兽，用槛车运往长杨宫，将野兽放入宫中的射熊馆，围上网子，让胡人徒手与野兽搏斗，自取猎物，成帝在一旁观看（《汉书·杨雄传》）。南北朝时北魏的可悉陵（鲜卑族），年龄只有 17 岁时，跟随魏太武帝出猎，遇到一只猛虎，可悉陵徒手与虎搏斗，将虎制服献给魏太武帝（《魏书·昭成子孙列传》）。北魏柱国大将军尔朱荣（鲜卑族）非常喜欢田猎。

田猎时，不分寒暑，以大军合围猎物，令士卒齐头并进，不管地形如何，不得有误。一只鹿逃脱，也要杀几个士卒。一个士卒遇虎而逃跑，即被斩首。从此，每次田猎，士卒就像上战场一样。一次一只老虎被逼在山谷中，尔朱荣命令十余名士兵空手与虎搏斗，必须生擒不能伤虎，死了好几个人才将虎生擒。（《资治通鉴》卷一五四）尔朱荣的侄子尔朱兆非常骁勇，“善骑射，手格猛兽，矫捷过人”。（《魏书·尔朱兆传》）

武术活动也是这些少数民族生活中不可缺少的一项娱乐。最初，这种娱乐往往与宗教祭祀联系在一起，是宗教祭礼的一项内容。后来，世俗的娱乐气息越来越浓，原来的宗教目的反而淡薄了。如契丹人每年在三月三日传统的“陶拉葛乐布节”上举行射兔比赛。箭靶是木雕兔子，比赛者分为两队，骑马射箭。先中者胜，输的一方下马，曲身下跪举酒杯，而获胜的队则在马上接杯一饮而尽。（《契丹国志》卷二十七）

在契丹人、女真人建立的辽金两代，还有一种专用于祭天的活动“射柳”，称为“射柳仪”或“瑟瑟礼”。每逢重五（五月初五）、中元（七月十五）和重九（九月初九）行拜天礼后，进行射柳（《金史·礼志》）。所谓射柳，是在马球场上插上两行柳枝，在离地面数寸处剥去柳枝皮，露出一段白色的枝干。先让一名骑手快速骑马作为前导，射手骑马随后，在疾驰中用无羽的横镞箭将柳枝射断，在断柳落地前接在手中，疾驰而去，这是第一等。射断了柳，但未能接住的，属二等；如果射断的是没有剥去皮的部位，或没有射断、没有射中，都算作失败。在射柳时，擂响战鼓，以助声势（《金史·礼志》)。1965年9月在辽宁北票市西官营子出土的北燕贵族冯弗的墓葬中，就有130余件皆为扁锋的横镞箭，且箭杆上缠有银丝，十分精致。在出土的辽墓中，也有横镞箭的出现，镞身扁平，就像一个倒置的等腰三角形，有的箭端刃线略呈弧形，为扇形铁簇。射柳活动一直延续到元、明和清代初期，清代中期以后逐渐消失。

辽代文士也兼习骑射，如在辽兴宗重熙年间的文人蒲鲁考中进士后，辽兴宗帝对左右说，此人有这样好的文才，必定不能武事。没想到蒲鲁回答说，他自启蒙受教育以来，也兼习骑射，辽兴宗不大相信。后来蒲鲁随兴宗行猎，射出三箭，射中三只兔子，兴宗大为惊奇(《辽史·蒲鲁传》)。

蒙古族传统的那达慕大会，是以摔跤、赛马和射箭为主要内容的祭天祈神的盛会，具有鲜明的崇武比武的特色，每年七八月举行。那达慕大会不仅是草原上牧民最重要的一项节日娱乐活动，同时是蒙古族武士们交流技艺的重要场合。那达慕大会获胜夺魁，是每一个蒙古族武士的梦想，激励着他们练武不辍。每年12月下旬，蒙古族还有“射草狗”的活动，集祭祀与练武为一体。用草扎成一个人和一只狗，以此为箭靶，供王公贵族用箭射，一直射到糜烂，然后以羊酒祭之(《元史·祭祀六》)。

回族先民来自中亚、阿拉伯和波斯，历来有尚武的民风，清人郝遇材在《回回》一书中写道:“回回不仅能吃苦，更有尚武之风，善骑射、精狩猎，枪法、刀法均极精确。老少男子皆有此风，且多善拳术。”经过数百年的练拳习武，回族有内容丰富的武术，如“四路拳查密尔”“鱼尾剑”“穆斯林八卦太极拳”“穆圣拳”“穆林拳”“单头子棍——何家棍”“张家十三枪”等。特别是“回回十八肘”充分发挥了在贴身近战中“肘打”凶狠迅捷的特点，设计出了压天肘、顶天肘、撤地肘、横肘、坐盘托天肘、连环肘、仆地肘、横天肘等多种肘法。在明太祖朱元璋的军队中，就有一批武艺高强、骁勇善战的回族将领。

二、南方民族武术

我国南方居住着众多少数民族。早在远古，这里就有尚武的传统。云南沧源崖画中就有原始部族的盾牌舞。与北方大草原少数民族以骑射为主的武术风格不同，由于我国南方少数民族生活在沟深岭高、林密草茂、水流湍急的山区，这种生活环境突出地要求以短兵为主的个人技术。因此，南方少数民族有着相当发达的短兵器格斗技术，如景颇长刀，苗族和壮族尖刀，彝族短体插刀和波长剑，傈僳族弯尖刀、崩龙袖锤，傣族和阿昌等族的铁齿等，以及由此发展起来的各种武术舞蹈，如苗族的盾牌舞、彝族的刀舞、景颇族的刀舞等。

武术也是这些少数民族生活中十分重要的宗教祭祀和娱乐活动。在云南丽江的纳西族有着十分古老的文化，流传着一种受藏族本教（黑教）影响的民族宗教——东巴教，有一套极为发达的祭祀舞蹈“东巴舞”（也叫“东巴跳”）。东巴舞有用纳西象形文字记录的舞谱“蹉模”，在祭祀活动中，由教里的祭司“东巴”，在锣、鼓、铃等乐器的伴奏下，依谱起舞。东巴舞使用的舞具有刀、弓、箭、降魔杵和法杖等，有着十分丰富的武术动作。跳舞者头戴“五佛冠”或尖顶法帽，身着大面襟长袍（四面均开口），白绸长裤，颈挂念珠，腰系彩带，脚踏方头黑皮靴，舞姿刚烈而神秘，连贯流畅，很像套路武术。动作中有架剑、剑擦扁铃、虎爪、转腕剑花、冲剑、抛剑、劈剑、跪踢腿、蹉步、大鹏亮翅、跪地背剑等。[①]

湘西土家族有一种与祭祖活动有关的舞蹈“摆手舞”（土家语叫“舍日巴”）。在这种舞蹈中有一种历史悠久的“战舞”，是表现土家人战斗场面的。手执武器或战旗的“战士”列队而行，反复变换队形，时而并排而进，时而相对而行。行进中，他们斜握武器，或行进，或交锋，都在整齐的节奏中以三摆一跃的基本步伐进行。武器交锋时，呐喊声震耳欲聋。这种队列变化和基本舞法称为插花摆。战舞中还有“空手斗虎”“弯弓射放”等动作，威猛雄壮。[②]

生活在云南西双版纳的傣族，将武术称为“烦整”。早在东汉时，就有了武术和气功结合的幻术（《后汉书·西南夷传》）。唐代时有名为“白衣没命军”的傣族军队，每年秋收后集中起来习武。明代的《滇小记》记载，傣人“无定居，聚则为军，散则为民”，骑象打仗，极为英勇。他们可以在数十步外，飞镖取人，发无不中。自明代以来，傣族在借鉴汉族武术的基础上，发展出了内容非常丰富的傣族武术，包括耒晃（棍术）、耒母（拳术）、耒腊（刀术）、耒腊溜（单刀）、耒腊过（双刀）、耒铁喜（暗器）。傣家既爱武术，又善跳孔雀舞，于是优美的孔雀舞中也融入了许多武术动作。每逢泼水节和

① 戈阿干．东巴神系与东巴舞谱［M］．昆明：云南人民出版社，1992：70—102.

② 望蜀．土家族“战舞”小记［J］．体育文史，1989（05）.

其他节日，傣族青年们就在芒锣和象脚鼓的伴奏下，翩翩起舞，文武交融，相得益彰。傣族武术腿法较少，手法以掌、拳、空心拳为主，步法多为弓、马、跪步，武术动作的节奏鲜明，常有突快突慢的变化。

生活在广西的壮族也有内容丰富的武术，如阴阳拳、猴拳、单拳、耍拳、围刀、什刀、滚双刀、双扣棍、演木棍、双头棍、两节棍、四门棍、壮族流星、壮族绳标等。在明代抗倭斗争的英雄行列中，还有一位英勇善战的壮族女英雄瓦氏夫人（1498—1555 年）。瓦氏夫人是明代田州（今广西田阳）土官岑猛的妻子，由于当地民俗重武，瓦氏夫人不仅练就了双刀绝技，而且谙熟兵法，有谋略。嘉靖六年（1527 年），丈夫和儿子相继去世，瓦氏夫人亲自管理州政。嘉靖三十三年（1554 年），奉朝廷之命亲率 6000 多名壮族士兵，开赴江浙前线，在俞大猷的指挥下对倭作战，治军极严。在著名的王江泾大捷中，与俞大猷的部队，直捣敌人老巢，歼敌 3000 余人。每临阵，她都亲自挥刀出战，所向披靡，屡建奇功，江南人称赞她“花瓦家，能杀倭”。

生活在台湾岛上的高山族人民，从 16 世纪起，就同入侵的日本倭寇、荷兰殖民者展开了激烈的斗争，有很强的尚武精神。他们在打仗前，有跳战舞、唱战歌的习俗。战舞有挥手、蹈足、挥刀、顿足和其他一些剽悍的动作。一是为了熟悉战斗技术，二是为了增强集体的凝聚力，增强作战中配合的默契度。

武术也是居住在西南的少数民族生活中的一部分。早在秦汉时，生活在青海高原上的游牧民族羌族就已经有了自己的武术，称为“羌术”。公元前 112 年，匈奴联合羌人攻汉，在与汉朝军队的战争中，羌术得到进一步发展。盛唐时期，吐蕃英主松赞干布（617？—650年）统一了青藏高原各部，建立了强大的吐蕃王朝，并与唐王朝联姻。文成公主进藏时，带来许多武士，也促进了藏族武术的发展。藏族在吸取了羌术和中原武术的基础上，根据自己的民族特点，发展出了独特的藏族武术“拳巴”（也叫“则娄”）和气功术。

在藏历新年和预祝农业丰收的望果节等节日期间，都有武术表演。这时，武士们高举“达达”（拴有哈达的木杆），绕场一周，然后进行角力、斗剑、射箭等比赛，胜者可获哈达一条、绸缎三方。在天旱求雨等祭祀活动时，草原上数十里的牧民，在螺号声的召集下，聚集一处，举行祭礼活动。然后，进行赛马、射箭、武技和摔跤等活动。古代西藏还有许多武技高明的“勾松巴”（保镖），精于藏刀、弓箭、弹石、索镖等。

在布达拉宫，有一组关于西藏古代体育运动会的巨幅壁画。据壁画上的藏文题记，参加这次体育竞赛的有藏、蒙、汉三族运动员，共100多名。比赛内容有赛马、射箭、抱石、摔跤、赛跑等。壁画里摔跤者均为赤背，并涂抹酥油，下穿短裤，腰束布带，足蹬藏靴，两两相搏，或提臂握腕，或拦腰绊足，正像藏史中形容的那样：“力士摔跤，搏击不懈，强者犹如群兽中的狮王一般，威猛可畏。”

在唐代，藏族就有善射者，如力士嫩杰岑能用箭射断鹞鹰的腰部，力士具挂东坚能将箭射至三倍于目力所及之地。射箭比赛分为立射（上、左部）和骑射（中、左部）两种。立射中又分射程和射靶两种。射程分为长、中、近三种距离，长距离多用细箭。

藏族还有一种特殊的藏式响箭。汉代时匈奴已经将响箭用于军事，史称鸣镝，俗称号箭，我国东北地区的锡伯族、满族也好响箭。藏族称响箭为“碧秀”，据说当年格萨尔王久战妖魔不下，后来发明响箭才获胜。响箭比赛在西藏已有近400年的历史。最初只有少数上层人士把它作为一项娱乐活动，后来成为广泛开展的节庆娱乐。每逢节日、婚礼喜庆、寺庙祭典或欢庆秋收开镰的望果节，亲朋好友相约同行，来到林卡（园林）搭起帐篷或围上帷幕，铺上卡垫，摆上青稞酒和各种食品，然后比赛响箭。青杠木制成的箭头镂空后，在空中飞行时，会发出悦耳的响声。箭靶一般设在30米左右，从中心向外沿依次为红、黑、黄三色靶环。

第六章 武德

在中国武术界流传着这样一句话："未曾学艺先学礼，未曾习武先习德。"的确，在漫长的岁月里，中国古代武术不仅逐渐形成了一整套自己独特的理论、技术、功法，也形成了一套与武术密切相关的道德体系，这就是人们常说的武德。中国古代的武术家非常重视武术道德，尽管古代武术有千门万派，每个门派都有自己的技法、功法，但是，所有门派都不约而同地把培养武德作为习武者的首要任务。武德已经成为中国古代武术的一个重要组成部分，有"缺德者不或与之学，丧理者不或教之武"的格言。

中国古代武术主要是在封建社会中形成的，因此，武术道德既有封建道德的糟粕，又有中华民族的高尚情操。我们今天面临的一个任务就是剔除封建糟粕，继承和发扬古代武德的精华。那么古代武德中有哪些是值得我们借鉴的呢？

一、武术的目的不是伤害对手，而是自卫

中国古代武术的一切招法都是以如何打败对手为出发点的。因此，武术动作是在对人体的解剖结构、生理特点做了彻底的分析之后，针对人体各个环节的弱点设计出来的。虽然，在战场上千军万马的集团厮杀中，武术的作用微乎其微，但是在单人格斗中，它确实是可以致人伤残，甚至死亡的锐利武器。但是有意思的是，这种专为打人设计的武术，其真实目的并不是伤害对手，而是出于自卫，制止对手的攻击行动。就像中文的“武”字，由“止”和“戈”两字组成。意思是“以武禁暴整乱，止息干戈，非以为残而兴纵之也”（《汉书·武五子传赞》）。因此，真正的武术家出手总是非常谨慎，不到万不得已不出手，不到万分危急不用险招。如，在少林武术中有“八打八不打”的说法，所谓“八打”就是，一打眉头双睛（眉弓及眼睛），二打唇上人中（人中穴），三打穿腮耳门（面颊和耳门），四打背后骨缝（肩胛骨内外缘），五打肺腑胸膛（两肋），六打撩阴高骨（耻骨），七打鹤膝虎头（髌骨），八打破骨千斤（臁骨）；而“八不打”是，一不打太阳为首（太阳穴），二不打对正锁口（胸口剑突），三不打中心内壁（硬软肋结合部），四不打两肋太极（两腋），五不打海底撩阴（下阴），六不打两肾对心（腰眼），七不打尾闾风府（骶尾骨），八不打两耳扇风（耳窝）。可以看出，“八打”之处均为不会造成严重伤害而又能控制住对手的部位，凡是不打的地方都是一些致命的要害。

“少林七十二艺”也强调，武术技击“尚德不尚力”，推尚道德，而非推尚武力，因此重守不重攻。练习七十二艺的目的是强身健体，即使功夫练到很深的程度，也只可用于自卫，千万不可以逞意气，好勇斗狠。

正因为武术有致命的杀伤力，好人可以用它来惩恶扶正，伸张正义，坏人也可以利用它来行凶作恶，伤害善良，因此，武术家们在选择弟子、传授武技时都把德行人品列为首要标准。明代内家拳有对五种人不传的规定，这五种人是用心险恶的阴谋家、喜欢斗殴打架的莽汉、酗酒成性的酒鬼、喜欢显示卖弄的浅薄之徒和不能吃苦的愚钝的人（黄百家《内家拳法》）。峨眉枪法也强调传授武技时选择人的重要性，不能传给不仁不义的人（《峨眉枪法·戒谨》）。永春白鹤拳规定不能给不知礼貌的人教拳（《永春白鹤拳·拳谱》）。昆吾剑也有人品不端者不传，不知珍重者不传，文武不就者不传，借此求财者不传，俗气入骨者不传等规矩。（《昆吾剑箴言》）

太极拳的打穴法也有“八不传”的规矩，即不传给不忠不孝之人、根底不好之人、心术不正之人、鲁莽灭裂之人、目中无人之人、无礼无恩之人、反复无常之人、得易失易之人。只有确认学艺人是“忠孝知恩者、心气和平者、守道不失者，真以为师者，始终如一者”，才能将这些功夫传给他。（《太极拳谱》卷八，见于《杨谱：清代杨氏传钞老谱》）

二、见义勇为，敢于斗争

古代武术强调自卫，绝不是说练了一身的好武艺就是为保住一己的身家性命。相反，有正义感的习武者总是路见不平，拔刀相助。这也正是中国古代武术家极为突出的优秀品质。早在春秋战国时期，社会上就出现了“赴汤蹈火，死不旋踵”的武侠。古往今来，不知有多少武林好汉，侠肝义胆，不畏强暴，扶危济困，成为历代传颂的佳话。武术家出手与人格斗有“三惧三不惧”之说，所谓“三惧”是指老、幼、妇这些比较弱小的对象，武术家不宜与这些人争斗。而“三不惧”是指有大势力、大气力或大功夫的人，都是些平常人不敢碰的强梁之徒，对这些人偏要斗他一斗。[①]这时候就要绝不留情，要痛下杀手：“上打咽喉下打阴，中间两肋并当心。下部两臁（lián）合两膝[②]，脑后一掌要真魂。”（《太极拳谱》卷十二，见于《陈谱：清末陈鑫太极拳论著》）

虽然在封建专制社会，劳苦大众受压迫、遭欺凌的社会不公现象不是靠技艺高超的武林豪杰行侠仗义所能解决的，但是，武术英杰们在关键时刻敢于挺身而出，锄强扶弱，确实在青史上留下了一曲曲正气歌。

三、尊重对手，光明磊落

中国素有“礼仪之邦”之称。中国古代武术在传统文化的影响下逐渐形成了一套十分复杂的礼节，无论是以武会友，还是以武相争，总是先行礼再开拳，以表示对对手的尊重。所行的拳礼，按照习武者的

① 万籁声．武术汇宗［M］．北京：中国书店出版社，1984：135.

② 臁骨即胫骨。

身份、习武场合等不同，有不同的选择。如五指礼，有两种，其一，一手伸平，中指尖对另一拳拳峰，或一手五指直立，另手成掌紧靠立指之掌，双手置胸前，丁字步，礼毕，复原。伸五指代表五湖、五岳，泛指天下；成拳表示献拳，意为敬向天下英豪和观众请教；其二，一手伸平，盖住另拳拳面，表示扶危济困，抑强扶弱；或向大众求助之意。

四指礼，左手为掌，亮四指（表示四海武林同道和四方观众贤达），曲拇指（表自谦），右手成拳（表示拳术）贴左掌心，置胸前，丁字步。或将成礼之双手左右横摆，归于胸前。意为四海武林同道，列位观众在上，不才开拳献丑，望海涵赐教。或说：亮四指代四海武林若昆弟；五指成拳表示五湖亲近似一家。

三指礼，有两种，其一，左手亮三指（表示释、道、儒三教九流俊杰），曲食指、拇指（表示一不畏人言攻击；二不避斧钺伤身，忠诚真理），右手成拳（表示三山五岳协力同心，众志成城）置胸前，左足尖朝前点地，右腿微弯；其二，两手作虎爪形，掌背相靠于正胸前，取四平马步。以示反对外来统治，振中华武威。

举手礼，有三种，其一，一手持械，另一手亮掌，掌缘向前，掌尖与肩平；其二，在对拳或器械对练时，举手敬礼，同时也是开始的信号；其三，两人相见，亮左掌为打招呼，对方举右掌为答谢。

合参礼，同施二礼，如先鞠躬，继行四指礼。意为“礼多人不怪”。

一字礼，踏上一步，立姿，两臂一字伸平，左手伸四指，右手伸五指；或两手均伸五指。表示五湖原本一家，摒弃门户之见。

无为礼，据老子“清静无为”思想衍化而成。取站式，两手成拳下垂并向后摆，不使显露出来。象征老子的“直而不肆”“光而不耀”

的思想。

见山礼，无礼仪性招式。表演前作谦虚语，然后在击掌、震脚、摆拳、亮拳或发一声喊之后，直接开拳。

还有一些特殊的拳礼，仅适用于一些特定的群体，如：

合十礼，多为僧人所用，低眉垂目，双掌合十于胸前，闭目，躬身。

莲花礼，为明清民间广泛流传的白莲教徒众的拳礼。两掌根相靠，十指分开微屈合成圆形，当胸前，有如莲花开放。表示庶众一心，英勇奋战，反抗清朝。[①]

再如少林派武术家，在与人交手前，先站开马步，左拳横置右掌虎口中，右掌心向外，平与胸齐，先退后三步再进步半，说一声“请”，再开拳。横拳平胸的意思是，反背满人，心在中国。退三步再进半步，叫作足踏中宫。如果拳礼相同，则是一家人，可避免动手。[②]

一些少数民族的武术家对拳礼有更加严格的要求。如苗族，在开拳前，丁步站立，左手为柳叶掌，右手为拳，掌掩拳面，先向正中一揖，再从右向左各揖一次。在执礼时，左掌五指必须并拢，若留有指缝，便为不恭。右拳伸出时，若拇指向内，是自高自大，向外，尊重对方；小指向内为谦虚，向外是小看对手。重礼节的苗家人对这些细节极为重视。有时会因为拳礼不当而引起纷争。[③]

武术交手，讲究正大光明，先礼后兵，摆下一个堂堂之阵，再与对手进行公正的较量。搞突然袭击，以暗器伤人，历来为武术家们所鄙视。

---

① 彭卫国．中华武术谚语［M］．北京：电子工业出版社，1988：15—16.

② 万籁声．武术汇宗［M］．北京：中国书店出版社，1984：133.

③ 秦可国，周克臣．湘西苗家武术［J］．中华武术，1988（05）.

四、自我克制，自我完善

有一身的武功，既不能好勇斗狠，到处招摇显示，还要礼貌待人，尊重对手，如果没有过人的自我克制能力是无法做到的。因此，中国古代武术对习武者各方面提出了具体而又严格的规定。如，少林武术有10条戒约，要求少林弟子们练武要持之以恒；武艺只用于自卫，不准好勇斗狠；尊敬师长；和善对待同辈，不得恃强凌弱；不轻显技术；戒酒、肉、女色；不轻易传艺给俗家子弟等。（《少林拳术秘诀》）

永春白鹤拳有“五戒”：一不纵欲，二不酗酒，三不欺侮老人，四不欺侮儿童，五不欺侮妇女。“懔十戒”：戒好斗，戒好胜，戒好名，戒好利，戒骄，戒诈，戒浮夸逞能，戒弄虚作假，戒挑拨离间，戒为非作歹。“四善”：善修其身，善正其心，善慎其行，善守其德。[①]

显然，这些戒律的范围非常广泛，几乎涉及一个人生活的各个方面。难怪有人说武术就是一种生活方式，要使自己的行为不违反戒律，自觉地遵守戒律，就必须加强品德方面的自我修养。

当然，古代的武德有它封建性、保守性的一面，如：将师父的话奉若圣经，不敢创新；传子不传女的狭隘性；门户偏见；宗派关系；等等。不过，它也的确反映出中华民族热爱和平，不畏强暴，严于律己，不仅追求精湛的武技，而且通过道德修养追求一个充实的精神世界的优秀品质。正是因为有良好的武德，每当外敌入侵、民族危难的

① 洪正福，等．永春白鹤拳的源流和特点［J］．中华武术，1986（09）．

关头，武技高强的英雄豪杰们无不挺身而出，以身报国。岳飞、戚继光、抗倭阵亡的少林武僧、霍元甲等就是他们的光辉代表。

我们今天应该认真弘扬中华武德中的精华。

图书在版编目（CIP）数据

中国武术史话：典藏版 / 任海著. —北京：中国国际广播出版社，2020.12（2024.1重印）
（传媒艺苑文丛.第一辑）
ISBN 978-7-5078-4778-9

Ⅰ.①中…　Ⅱ.①任…　Ⅲ.①武术－体育运动史－中国　Ⅳ.①G852.092

中国版本图书馆CIP数据核字（2020）第239019号

中国武术史话（典藏版）

著　　者　任　海
出 品 人　宇　清
项目统筹　李　卉　张娟平
策划编辑　筴学婧
责任编辑　筴学婧
校　　对　张　娜
设　　计　国广设计室

出版发行　中国国际广播出版社有限公司［010-89508207（传真）］
社　　址　北京市丰台区榴乡路88号石榴中心2号楼1701
　　　　　邮编：100079
印　　刷　天津鑫恒彩印刷有限公司

开　　本　710×1000　1/16
字　　数　80千字
印　　张　9.25
版　　次　2020 年 12 月 北京第一版
印　　次　2024 年 1 月 第三次印刷
定　　价　29.00 元